Am Schlusse dieses Bandes befindet sich ein „Nachweis wichtiger Gesetzesausgaben“, in dem die meisten Bände der jetzt über 250 Nummern umfassenden

Guttentagschen Sammlung Deutscher Reichs- und Preußischer Gesetze

sowie größere und kleinere Kommentare, Lehrbücher, Sammelwerke, Entscheidungssammlungen und Zeitschriften verzeichnet sind.

Guttentagsche Sammlung
Nr. 26b Deutscher Reichsgesetze Nr. 26b
Kommentare und erläuterte Textausgaben

Zweite Ergänzung

zu

Koch-Schacht

Münz- und Bankgesetzgebung

Siebente Auflage

Berlin und Leipzig 1934
Walter de Gruyter & Co.
vormals G. J. Göschen'sche Verlagshandlung — J. Guttentag, Verlagsbuchhandlung — Georg Reimer — Karl J. Trübner — Veit & Comp.

Inhaltsübersicht.

Archiv-Nr. 211322

I.

Gesetz
zur
Änderung des Bankgesetzes

Vom 27. Oktober 1933

Erläutert
von
Reichsbankdirektor Dr. Deumer
Vortragender Direktor beim Reichsbankdirektorium

1.

Einleitung.

Bei der Neugestaltung des deutschen Notenbankrechtes im Jahre 1924 auf Grund der Empfehlungen des sogenannten Dawes-Planes war der Einfluß der obersten Reichsleitung (Reichspräsident und Reichsregierung) auf die Ernennung des Präsidenten und der Mitglieder des Reichsbankdirektoriums weitgehend eingeschränkt worden. Das Haager Abkommen hatte diese Beschränkungen zwar vermindert, aber nicht völlig beseitigt. Die vorliegende Novelle zum Bankgesetz hebt die vom Dawes-Plan geschaffene Institution des Generalrates, der den Präsidenten zu wählen und die Mitglieder zu bestätigen hatte, auf und legt die Rechte der Ernennung und Abberufung des Präsidenten und der Mitglieder des Reichsbankdirektoriums künftig ausschließlich in die Hände des Reichsoberhauptes. Was dem Generalrat an Aufgaben sonstiger Art oblag, ist dem Zentralausschuß und seinen Deputierten übertragen worden, also einem von jeher dem Reichsbankdirektorium zur Seite stehenden sachverständigen, aus Vertretern aller Wirtschaftskreise zusammengesetzten Gremium.

Weiter haben die Funktionen der Reichsbank eine den Zeitverhältnissen angepaßte Erweiterung insofern erfahren, als die Reichsbank nach dem Vorbild anderer großer Zentralbanken jetzt auch die Möglichkeit erhalten hat, durch Ankauf von Wertpapieren besonders qualifizierter Art Einfluß auf die Gestaltung des Geld- und Kapitalmarktes zu nehmen, zumal in ihren wechselseitigen Beziehungen. Zur Sicherung der Wirksamkeit dieser Maßnahmen ist die Reichsbank ermächtigt worden, bestimmte wichtige Aktiven, nämlich Anlagen in den vorbezeichneten Effektensorten sowie in Lombarddarlehen, in ihre bankmäßigen Deckungsbestände, die bisher nur diskontierte Wechsel enthalten durften, einzubeziehen.

Da die vorgesehenen Änderungen des Bankgesetzes zum größten Teil Vorschriften berühren, für deren Abänderung nach dem Haager Abkommen ein besonderes Verfahren vorgesehen ist, hat die Reichsregierung dem Verwaltungsrat der Bank für Internationalen Zahlungsausgleich den Gesetzentwurf mitgeteilt. Das genannte Organ dieser Bank hat in seiner Sitzung vom 9. Oktober 1933 einstimmig zum Ausdruck gebracht, daß es keinen Anlaß sähe, das in dem Haager Abkommen vorgesehene Verfahren in Gang zu setzen.

Vor Verkündung und Inkraftsetzung des Gesetzes ist der am 27. Oktober 1933 abgehaltenen Generalversammlung der Anteilseigner der Reichsbank, entsprechend einer seit Bestehen der Reichsbank verfolgten Rechtsübung, Gelegenheit zur Stellungnahme gegeben worden.

Im Zusammenhang mit den Änderungen des Bankgesetzes stehen einige Änderungen der Reichsbank*satzung*, die gleichfalls von der Generalversammlung beschlossen worden sind. Es handelt sich dabei einmal um die Ausmerzung der auf den Generalrat bezüglichen Bestimmungen, ferner um eine Frage formellen Charakters, die sich auf die für die Anteilseigner bestimmten Bekanntmachungen im Reichsanzeiger bezieht, und endlich um die Zulassung der Möglichkeit, eine Abschlagsdividende zu verteilen. Dieses Ausschüttungsverfahren entspricht der Regelung, wie sie im alten Bankgesetz vor dem Kriege bis zur Dawes-Gesetzgebung bestanden hat. Ihre Wiedereinführung empfahl sich, um den Charakter des Reichsbankanteils dem eines festverzinslichen Papiers mit halbjährlicher Zinszahlung wieder anzunähern.

2.

Gesetz zur Änderung des Bankgesetzes.

Vom 27. Oktober 1933 (RGBl. II S. 827).

Die Reichsregierung hat das folgende Gesetz beschlossen, das hiermit verkündet wird:

Das Bankgesetz vom 30. August 1924 (Reichsgesetzbl. II S. 235) in der Fassung, die sich aus den Gesetzen vom 8. Juli 1926 (Reichsgesetzbl. II S. 355) und vom 13. März 1930 (Reichsgesetzbl. II S. 355) sowie der Verordnung des Reichspräsidenten vom 1. Dezember 1930 (Reichsgesetzbl. I S. 517, 591) ergibt, wird wie folgt geändert:

I.

Im § 6 werden die Abs. 4 bis 9 durch folgende Bestimmungen ersetzt:

„Der Präsident wird nach gutachtlicher Äußerung des Reichsbankdirektoriums vom Reichspräsidenten ernannt. Die Mitglieder des Direktoriums werden auf Vorschlag des Reichsbankpräsidenten durch den Reichspräsidenten ernannt.

Der Präsident wird für vier Jahre, die übrigen Mitglieder des Direktoriums werden auf zwölf Jahre ernannt, jedoch mit der Maßgabe, daß jedes Mitglied des Direktoriums mit Ausnahme des Präsidenten bei Erreichung eines Lebensalters von 65 Jahren ausscheidet.

Die Gehälter, Wartegelder, Ruhegehälter und Hinterbliebenenbezüge für den Präsidenten und die Mitglieder des Direktoriums werden durch den Anstellungsvertrag bestimmt, den die Bank mit dem ernannten Präsidenten oder Mitglied des Reichsbankdirektoriums abschließt. Der Vertrag bedarf der Genehmigung der Reichsregierung.

Aus wichtigen Gründen kann der Reichspräsident den Präsidenten oder ein Mitglied des Direktoriums unter Wahrung der ihnen vertraglich zustehenden Ansprüche jederzeit abberufen."

II.

§ 10 Abs. 1 wird gestrichen.

Im bisherigen Abs. 4 werden hinter dem Wort „Zulässigkeit" die Worte „(Abs. 3)" durch „(Abs. 2)", im bisherigen Abs. 8 die Worte „3 bis 6" durch „2 bis 5" ersetzt, im bisherigen Abs. 9 die Worte „und 2" gestrichen.

III.

Im § 12 Abs. 2 werden die Worte „mit Zustimmung des Generalrats" gestrichen.

IV.

Die §§ 14 bis 18 werden gestrichen.

V.

Im § 20 werden die Worte „des Generalrats," in Abs. 1 und Abs. 2 sowie das Wort „Generalrat," in Abs. 1 gestrichen.

VI.

§ 21 Ziffer 3 erhält folgenden Zusatz:

Besteht für Wertpapiere der vorstehend unter b und c bezeichneten Art kein börsenmäßig notierter Kurswert, so ist das Reichsbankdirektorium in besonderen Fällen berechtigt, den einer Beleihung jeweils zugrunde zu legenden Wert unter Berücksichtigung der gesamten Umstände, insbesondere auch der gegebenen Verwertungsmöglichkeit, festzusetzen.

§ 21 Ziffer 4 erhält folgende Fassung:

„zur Regelung des Geldmarktes festverzinsliche, zum amtlichen Börsenhandel zugelassene Wertpapiere der in Ziffer 3 b und c bezeichneten Art zu kaufen und zu verkaufen. Der jeweilige Bestand an solchen Wertpapieren ist in den wöchentlichen Veröffentlichungen (§ 36 Abs. 2) auszuweisen."

VII.

§ 27 Abs. 2 Satz 3 erhält folgende Fassung:

„Die Berichte hierüber sind monatlich dem Reichsbankdirektorium einzureichen, das sie den Deputierten des Zentralausschusses vorzulegen hat."

VIII.

§ 28 erhält bei b folgenden Zusatz:

„sowie Wertpapiere der im § 21 Ziffer 4 bezeichneten Art und täglich fällige Forderungen auf Grund von Lombarddarleben."

IX.

§ 29 Abs. 1 erhält folgende Fassung:

„Unter ausnahmsweisen Umständen darf die im § 28 unter a genannte Deckung durch übereinstimmenden Beschluß des Direktoriums und des Zentralausschusses unter 40 vom Hundert herabgesetzt werden."

Die Abs. 2 bis 4 werden gestrichen.

X.

§ 30 wird gestrichen.

XI.

Im § 36 Abs. 2 Ziffer 2 wird die Zeile „an Effekten,“ ersetzt durch die beiden Zeilen „an Wertpapieren, die gemäß § 21 Ziffer 4 angekauft worden sind,“ und „an sonstigen Wertpapieren,“.

XII.

Die Vorschriften dieses Gesetzes treten mit dem Tage der Verkündung in Kraft.

Berlin, den 27. Oktober 1933.

Der Reichskanzler
Adolf Hitler

Der Reichswirtschaftsminister
Dr. Schmitt

Der Reichsminister der Finanzen
Graf Schwerin von Krosigk.

3.

Satzungsänderung.

Bekanntmachung.*)

Die Satzung der Reichsbank ist nach Zustimmung des Generalrats durch Beschluß der am 27. Oktober 1933 stattgefundenen außerordentlichen Generalversammlung der Reichsbankanteilseigner wie folgt geändert worden:

I.

§ 10 der Satzung erhält folgende neue Absätze:

§ 10 Abs. 2.

„Mit Zustimmung des Zentralausschusses können auf die Dividende Abschlagszahlungen bis zu 6 % jeweils am 1. Oktober — im Jahre 1933 am 1. November — geleistet werden."

§ 10 Abs. 3.

„Die Auszahlung der Abschlagsdividende für die Jahre 1933 und 1934 erfolgt gegen Rückgabe der auf die betreffenden Jahre lautenden Dividendenscheine. Dem Einreicher dieser Dividendenscheine werden auf die Jahre 1933 und 1934 lautende Restdividendenscheine ausgehändigt."

Der bisherige Abs. 2 erhält die Nr. 4.

*) Veröffentlicht im Reichsanzeiger Nr. 255 vom 31. Oktober 1933.

II.

§ 11 Abs. 2 wird gestrichen.

Im § 14 werden die Worte „und des Generalrates" gestrichen.

Im § 15 werden die Worte „des Generalrates" und das darauf folgende Komma gestrichen.

III.

§ 13 Satz 2 erhält folgende Fassung:

„Die Berufung geschieht durch das Reichsbankdirektorium mittels einer mindestens 14 Tage vorher gemäß § 28 der Satzung erfolgenden öffentlichen Bekanntmachung."

§ 28 erhält folgenden neuen Absatz 3:

„Falls durch die Veröffentlichung einer Bekanntmachung eine Frist zu wahren ist oder ein sonstiger Rechtserfolg erstrebt wird, gilt die Bekanntmachung als bewirkt, wenn sie im Deutschen Reichsanzeiger erfolgt ist."

Berlin, den 27. Oktober 1933.

Reichsbank-Direktorium

Dr. Hjalmar Schacht. Dreyse.

Muster der Restdividendenscheine für die Geschäftsjahre 1933 und 1934.

Beim Verlust dieses Restdividendenscheines ist der Anspruch aus § 804 Abs. 1 Satz 1 des Bürgerlichen Gesetzbuchs ausgeschlossen.

Restdividendenschein

zu einem Reichsbankanteile im Nennbetrage von 100 Reichsmark für das Geschäftsjahr 19.....

Der Inhaber dieses Scheines empfängt gegen dessen Rückgabe bei der Reichsbankhauptkasse und sämtlichen Reichsbankhauptstellen und Reichsbankstellen die Restzahlung auf die für das Jahr 19..... festgesetzte Dividende eines Reichsbankanteiles im Nennbetrage von 100 Reichsmark sowie eine etwaige Nachzahlung gemäß § 37 Abs. 2 Satz 2 des Bankgesetzes in Verbindung mit § 10 Abs. 4 der Satzung.

Berlin, den .... 19....

Reichsbank-Direktorium

Archivar: Buchführer:

Rest-dividenden-schein für das Geschäfts-jahr 19....

Beim Verlust dieses Restdividendenscheines ist der Anspruch aus § 804 Abs. 1 Satz 1 des Bürgerlichen Gesetzbuchs ausgeschlossen.

Restdividendenschein

zu Reichsbankanteilen im Nennbetrage von zusammen 1000 Reichsmark für das Geschäftsjahr 19......

Der Inhaber dieses Scheines empfängt gegen dessen Rückgabe bei der Reichsbankhauptkasse und sämtlichen Reichsbankhauptstellen und Reichsbankstellen die Restzahlung auf die für das Jahr 19...... festgesetzte Dividende von Reichsbankanteilen im Nennbetrage von zusammen 1000 Reichsmark sowie eine etwaige Nachzahlung gemäß § 37 Abs. 2 Satz 2 des Bankgesetzes in Verbindung mit § 10 Abs. 4 der Satzung.

Berlin, den .... 19 ...

Reichsbank-Direktorium

Archivar: Buchführer:

Rest-dividenden-schein

für das Geschäfts-jahr 19.....

4.

Kommentierung.

I.

Im § 6 werden die Abs. 4 bis 9 durch folgende Bestimmungen ersetzt:

„Der Präsident wird nach gutachtlicher Äußerung des Reichsbankdirektoriums vom Reichspräsidenten ernannt. Die Mitglieder des Direktoriums werden auf Vorschlag des Reichsbankpräsidenten durch den Reichspräsidenten ernannt.

Der Präsident wird für vier Jahre, die übrigen Mitglieder des Direktoriums werden auf zwölf Jahre ernannt, jedoch mit der Maßgabe, daß jedes Mitglied des Direktoriums mit Ausnahme des Präsidenten bei Erreichung eines Lebensalters von 65 Jahren ausscheidet.

Die Gehälter, Wartegelder, Ruhegehälter und Hinterbliebenenbezüge für den Präsidenten und die Mitglieder des Direktoriums werden durch den Anstellungsvertrag bestimmt, den die Bank mit dem ernannten Präsidenten oder Mitglied des Reichsbankdirektoriums abschließt. Der Vertrag bedarf der Genehmigung der Reichsregierung.

Aus wichtigen Gründen kann der Reichspräsident den Präsidenten oder ein Mitglied des Direktoriums unter Wahrung der ihnen vertraglich zustehenden Ansprüche jederzeit abberufen."

Zu § 6.

Der Dawes-Plan hatte zu dem Zweck, um ausländischen Einfluß auf die Reichsbank sicherzustellen, einen Generalrat bei der Reichsbank eingesetzt, der zur Hälfte aus Ausländern bestand. Der Generalrat hatte vor allem die Befugnis zur Wahl des Reichsbankpräsidenten und der Zustimmung zur Ernennung von Mitgliedern des Reichsbankdirektoriums. Ebenso lag in seinen Händen die Abberufung der Reichsbankleitung. Der ausländische Einfluß war bereits bei Inkrafttreten des Young-Planes im Jahre 1930 beseitigt worden. Man hatte aber zunächst den Generalrat mit den bisherigen Befugnissen bestehen lassen und lediglich vorgesehen, daß die Wahl des Reichsbankpräsidenten in jedem Falle der Bestätigung durch den Reichspräsidenten bedürfe, der die Ernennungsurkunde unterzeichnet. Eine entsprechende Regelung war für die Mitglieder des Direktoriums vorgesehen. Die im § 6 getroffene Regelung hebt die Institution des Generalrats, der den Präsidenten zu wählen und die Mitglieder zu bestätigen hatte, auf und legt die Rechte der Ernennung und Abberufung des Präsidenten und der Mitglieder des Reichsbankdirektoriums künftig ausschließlich in die Hände des Reichsoberhauptes.

II.

§ 10 Abs. 1 wird gestrichen.

Im bisherigen Abs. 4 werden hinter dem Wort „Zulässigkeit" die Worte „(Abs. 3)" durch „(Abs. 2)", im bisherigen Abs. 8 die Worte „3 bis 6" durch „2 bis 5" ersetzt, im bisherigen Abs. 9 die Worte „und 2" gestrichen.

Zu § 10.

Die Streichung des Abs. 1 ergibt sich durch die Vorschrift des § 6 Abs. 8, wonach die Gehälter, Wartegelder, Ruhegehälter und Hinterbliebenenbezüge für den Präsidenten und die Mitglieder des Direktoriums durch den Anstellungsvertrag bestimmt werden, den die Bank mit dem ernannten Präsidenten oder Mitglied des Direktoriums abschließt.

Die im Abs. 2 vorgesehenen Änderungen sind redaktioneller Art und ergeben sich aus dem Wegfall des Abs. 1.

III.

Im § 12 Abs. 2 werden die Worte „mit Zustimmung des Generalrats“ gestrichen.

IV.

Die §§ 14 bis 18 werden gestrichen.

V.

Im § 20 werden die Worte „des Generalrats,“ in Abs. 1 und Abs. 2 sowie das Wort „Generalrat,“ in Abs. 1 gestrichen.

Zu den §§ 12, 14—18 und 20.

Die unter III, IV und V enthaltenen Bestimmungen betreffen die Beseitigung des Generalrats. Der Generalrat, 1924 ein Bestandteil des Dawes-Planes, 1930 bei der Abstreifung völkerrechtlicher Bindungen auf Grund des Neuen Planes schon rein nationalisiert, ist nunmehr gänzlich beseitigt, so daß die Reichsbank wieder zu dem einfacheren Aufbau — Direktorium, Zentralausschuß, Deputiertenausschuß — zurückkehrt. Seitdem durch das Haager Abkommen der Generalrat eine Umgestaltung erfahren hat, entbehrte diese Einrichtung der inneren Berechtigung. Was insbesondere die Wahl des Reichsbankpräsidenten betrifft, so ist der Generalrat nicht mehr am Platze, da kein Reichsbankpräsident denkbar ist, der nicht dem Reichspräsidenten und damit der Reichsregierung genehm wäre.

VI.

§ 21 Ziffer 3 erhält folgenden Zusatz:

„Besteht für Wertpapiere der vorstehend unter b und c bezeichneten Art kein börsenmäßig notierter Kurswert, so ist das Reichsbankdirektorium in besonderen Fällen berechtigt, den einer Beleihung jeweils zugrunde zu legenden Wert unter Berücksichtigung der gesamten Umstände, insbesondere auch der gegebenen Verwertungsmöglichkeit, festzusetzen."

Zu § 21 Ziff. 3.

Der Lombardverkehr in Effekten setzt grundsätzlich das Bestehen eines Kurswertes voraus. Um der Reichsbank jedoch auch in außergewöhnlichen Fällen bei solchen Effekten, für die zurzeit noch kein Kurswert mangels einer Börsennotiz besteht (z. B. Gemeindeumschuldungsanleihe), die Möglichkeit einer Beleihung zu geben, ist der Zusatz aufgenommen worden. Als solche vom Zusatz vorgesehenen besonderen Umstände würden in Betracht kommen: die Person des Emittenten, Gegenstand und Zweck der Anleihe.

§ 21 Ziffer 4 erhält folgende Fassung:

„zur Regelung des Geldmarktes festverzinsliche, zum amtlichen Börsenhandel zugelassene Wertpapiere der in Ziffer 3 b und c bezeichneten Art zu kaufen und zu verkaufen. Der jeweilige Bestand an solchen Wertpapieren ist in den wöchentlichen Veröffentlichungen (§ 36 Abs. 2) auszuweisen."

Zu § 21 Ziff. 4.

Einführung und Handhabung der Offenen-Markt-Politik.

Verglichen mit der Notenbankgesetzgebung anderer Länder war das bisherige Reichsbankgesetz außerordentlich eng gefaßt. Wohl konnte die Reichsbank Lombarddarlehen auf gewisse Wertpapiere geben, aber diese Lombarddarlehen konnten nicht zur Notendeckung dienen, so daß die Ausdehnung des Lombardverkehrs in den sonstigen Mitteln der Reichsbank ihre engen Grenzen fand. Die sogenannte bankmäßige Notendeckung, also die nichtmetallische Deckung, war auf die Handelswechsel beschränkt. Wir finden diese Begrenzung bei fast keiner ausländischen Notenbank.

Angesichts der unzureichenden Inanspruchnahme der Reichsbank durch Diskontierung von Handelswechseln, die sich aus dem

Rückgang der Wirtschaftsumsätze erklärt, hatten sich für die allgemeine Kreditversorgung wachsende Schwierigkeiten ergeben. Da die Reichsbank Wertpapiere für eigene Rechnung nur ganz beschränkt ankaufen durfte und in genügendem Umfange nicht beleihen konnte — Lombarddarlehen waren nicht zur Notendeckung zugelassen —, mußten bei Ausbruch der Kreditkrise (1931) außergewöhnliche Maßnahmen getroffen werden, wie Einschaltung der besonders zu diesem Zweck gegründeten Akzept- und Garantiebank, um den vorübergehend gesteigerten Kreditbedarf der Banken und Sparkassen zu decken. Die gegenwärtige Flüssigkeit des Geldmarktes, die vornehmlich in der relativ schwachen Inanspruchnahme der Reichsbank ihren Ausdruck findet, vermochte bisher nicht auf den Kapitalmarkt überzuspringen. Die Reichsbank besaß keine Möglichkeit, eine solche Entwicklung, die für den eingeleiteten Wirtschaftsaufschwung von hervorragender Bedeutung ist, zu fördern. Die Änderung bezweckt also in erster Linie, die Reichsbank in die Lage zu versetzen, zur Belebung der Wirtschaft auf dem offenen Markt durch Kauf und Verkauf bestimmter Arten von Wertpapieren regelnd und fördernd einzugreifen. Bereits die Ankündigung einer solchen Kapitalmarktpolitik hat sich günstig ausgewirkt und den Rentenkursen neuen Auftrieb gegeben.

Nach § 21 Ziff. 3 b und c ist die Reichsbank befugt, Lombarddarlehen gegen Verpfändung bestimmter Wertpapiere auf nicht länger als drei Monate zu gewähren. Zu diesen Wertpapieren gehören in der Hauptsache Schuldverschreibungen des Reichs, eines Landes oder einer inländischen kommunalen Körperschaft, Pfandbriefe und Schuldverschreibungen öffentlich-rechtlicher Kreditinstitute Deutschlands und deutscher Hypothekenbanken. Durch die Änderung des Bankgesetzes wird die Reichsbank ermächtigt,

1. diese Wertpapiere zu kaufen und zu verkaufen und
2. den Bestand an eigenen Wertpapieren dieser Art sowie täglich fällige Forderungen auf Grund von Lombarddarlehen in die bankmäßige, sogenannte sekundäre Notendeckung, die bisher nur Wechsel und Schecks umfaßte, einzubeziehen.

Es braucht nicht näher ausgeführt zu werden, daß das Reichsbankdirektorium beim Begehen des Weges der Offenen-Markt-Politik nur vorsichtig und zurückhaltend handeln, daß die Reichsbank im Rahmen ihrer allgemeinen währungspolitischen Aufgaben derartige Geschäfte nur in dem für die Beeinflussung und Förderung der Kapitalmarktentwicklung notwendigen Ausmaß vornehmen wird. Eine irgendwie inflatorische Ausdehnung der Kreditgewährung kommt angesichts des unverrückbaren Willens zur Gesunderhaltung der Währung nicht in Frage.

Eine direkte Kreditgewährung an das Reich oder andere öffentliche Körperschaften seitens der Reichsbank kommt auch in Zukunft nicht in Frage, da dies keine Politik des offenen Marktes im Sinne der obigen Ausführungen wäre.

VII.

§ 27 Abs. 2 Satz 3 erhält folgende Fassung:

„Die Berichte hierüber sind monatlich dem Reichsbankdirektorium einzureichen, das sie den Deputierten des Zentralausschusses vorzulegen hat."

Zu § 27 Abs. 2 Satz 3.

Nach Wegfall des Generalrats sind die Berichte nunmehr monatlich dem Reichsbankdirektorium einzureichen, das sie den Deputierten des Zentralausschusses vorzulegen hat.

VIII.

§ 28 erhält bei b folgenden Zusatz:

„sowie Wertpapiere der im § 21 Ziffer 4 bezeichneten Art und täglich fällige Forderungen auf Grund von Lombarddarlehen."

Zu § 28.

Die Vorschrift bestimmt die Einbeziehung der am offenen Markt angekauften Wertpapiere in die bankmäßige Deckung. Daraus ergab sich ohne weiteres, daß auch die Lombardforderungen den angekauften Wertpapieren gleichgestellt und ebenfalls in die bankmäßige Deckung einbezogen worden sind.

IX.

§ 29 Abs. 1 erhält folgende Fassung:

„Unter ausnahmsweisen Umständen darf die im § 28 unter a genannte Deckung durch übereinstimmenden Beschluß des Direktoriums und des Zentralausschusses unter 40 vom Hundert herabgesetzt werden."

Die Abs. 2 bis 4 werden gestrichen.

Zu § 29.

Die Bestimmung, wonach bei einer Unterschreitung der vierzigprozentigen Golddeckung automatisch eine entsprechende Erhöhung des Diskontsatzes einzutreten hätte und eine Notensteuer zu zahlen war, hatte sich als praktisch unanwendbar erwiesen, als die Krise des Jahres 1931 hereinbrach, die zum Verlust des größten Teiles der Golddeckung geführt hat. Zwar hat man, von der Annahme ausgehend, daß die im § 29 Abs. 3 getroffene Regelung nicht zwingender Natur sei, schon vor der Gesetzesänderung die ärgsten Konsequenzen aus dem bisherigen Gesetzwortlaut vermieden, indessen erforderte der mißliche Zustand einer ständigen Abweichung von einer Sollvorschrift gesetzgeberische Abhilfe. Deshalb wurde die starre Vorschrift über einen Mindestsatz von 5 v. H. bereits im Jahre 1932 mit Wirkung bis zum 30. September 1934 suspendiert. Die Notensteuer, die sich als zwecklos und untragbar erwiesen hatte, war durch ein Abkommen mit dem Reichsfinanzministerium gleichfalls außer Wirksamkeit gesetzt worden.

X.

§ 30 wird gestrichen.

Zu § 30.

Die Streichung dieser Vorschrift ergibt sich aus der Aufhebung der Notensteuer.

XI.

Im § 36 Abs. 2 Ziffer 2 wird die Zeile „an Effekten," ersetzt durch die beiden Zeilen „an Wertpapieren, die gemäß § 21 Ziffer 4 angekauft worden sind," und „an sonstigen Wertpapieren,".

Zu § 36.

Um der Öffentlichkeit eine fortwährend genaue Kontrolle über die Handhabung der Geschäfte auf Grund der Offenen-Markt-Politik zu ermöglichen, ist vorgesehen, daß in den Ausweisen der Reichsbank die auf Grund der neuen Vorschriften angekauften Wertpapiere stets gesondert auszuweisen sind.

XII.

Die Vorschriften dieses Gesetzes treten mit dem Tage der Verkündung in Kraft.

Berlin, den 27. Oktober 1933.

Zu XII.

Das Gesetz zur Änderung des Bankgesetzes datiert vom 27. Oktober 1933. Es ist in Nr. 44 des Reichsgesetzblattes Teil II 1933, ausgegeben zu Berlin, den 28. Oktober 1933, S. 827 ff. erschienen. Vor Verkündung und Inkraftsetzung des Gesetzes ist der am 27. Oktober 1933 abgehaltenen Generalversammlung der Anteilseigner der Reichsbank entsprechend einer seit Bestehen der Reichsbank verfolgten Rechtsübung Gelegenheit zur Stellungnahme gegeben worden. Diese Generalversammlung hat dem Gesetzentwurf einstimmig ihre Zustimmung erteilt.

II.

Gesetz

über die

Verwendung des Anteils des Reichs am Reingewinn der Reichsbank

Vom 7. März 1934

1.

Gesetz über die Verwendung des Anteils des Reichs am Reingewinn der Reichsbank.

Vom 7. März 1934 (RGBl. I S. 177).

Die Reichsregierung hat das folgende Gesetz beschlossen, das hierdurch verkündet wird:

Die Vorschrift des Sechsten Teiles Kapitel III Artikel 1 Ziffer 3 Abs. 1 der Verordnung des Reichspräsidenten zur Sicherung von Wirtschaft und Finanzen vom 1. Dezember 1930 (Reichsgesetzbl. I S. 517/592) findet bis auf weiteres keine Anwendung.

Berlin, den 7. März 1934.

Der Reichskanzler
Adolf Hitler

Der Reichsminister der Finanzen
Graf Schwerin von Krosigk.

2.

Begründung[1]
zum Gesetz über die Verwendung des Anteils des Reichs am Reingewinn der Reichsbank vom 7. März 1934.

(Veröffentlicht vom Reichsfinanzministerium.)

Der nach § 37 des Bankgesetzes dem Reich zustehende Anteil an dem jährlichen Reingewinn der Reichsbank ist bisher nach § 7 des Gesetzes über die Liquidierung des Umlaufs an Rentenbankscheinen vom 30. August 1924 in der Fassung der Verordnung des Reichspräsidenten zur Sicherung von Wirtschaft und Finanzen vom 1. Dezember 1930, Sechster Teil, Kapitel III Artikel 1 Ziffer 3 Absatz 1 — RGBl. Teil I S. 517/592 — dem Tilgungsfonds zur Liquidierung des Umlaufs an Rentenbankscheinen zugeführt worden. Er wurde damit dem Reichshaushalt, dem er eigentlich zustand, entzogen. Die von der Reichsregierung im Interesse der Belebung der Wirtschaft und der Bekämpfung der Arbeitslosigkeit getroffenen Maßnahmen erfordern, daß diese Tilgung der Rentenbankscheine in Höhe des Anteils des Reiches am Reingewinn der Reichsbank bis auf weiteres zurückgestellt wird. Dies kann unbedenklich geschehen, zumal da der Umlauf an Rentenbankscheinen am 1. Januar 1934 nur rund 392 Millionen RM betragen hat und sich nicht mehr erhöhen wird.

---

[1]) Veröffentlicht im Reichsanzeiger Nr. 59 vom 10. März 1934.

Berichtigung.[1])

In der in Nr. 59 vom 10. März 1934 des „Reichs- und Staatsanzeigers“ veröffentlichten **„Begründung zum Gesetz über die Verwendung des Anteils des Reichs am Reingewinn der Reichsbank vom 7. März 1934“** ist ein Fehler unterlaufen. In der vorletzten Zeile muß es bei der Angabe des Umlaufs an Rentenbankscheinen am 1. Januar 1934 statt „rund 392 Millionen RM“ heißen „408,8 Millionen RM“.

Berlin, den 12. März 1934.

Der Reichsminister der Finanzen.
J. A.: Dr. Olscher.

---

[1]) Veröffentlicht im Reichsanzeiger Nr. 62 vom 14. März 1934.

III.

Münzgesetzgebung.

Uebersicht
über die Münzgesetzgebung seit dem 19. März 1932.

Verordnung des Reichspräsidenten über Maßnahmen auf dem Gebiete der Finanzen, der Wirtschaft und der Rechtspflege.

Vom 18. März 1933 (RGBl. I S. 109).

Kapitel X.

Änderung des Münzgesetzes.

§ 2 Ziffer 3 des Münzgesetzes vom 30. August 1924 (Reichsgesetzbl. II S. 254) ist in folgender Fassung anzuwenden:

„3. Stücke über 1, 2, 4, 5, 10 und 50 Reichspfennige sowie 1 Reichsmark".

Die Stücke über 4 Reichspfennige werden bis zum 15. Oktober 1933 außer Kurs gesetzt.

Verordnung über die Außerkurssetzung der Vier-Reichspfennig-Stücke aus Kupferbronze.

Vom 25. Juli 1933 (RGBl. I S. 538).

Auf Grund des § 14 Abs. 1 Ziffer 1 des Münzgesetzes in Verbindung mit der Verordnung des Reichspräsidenten über Maßnahmen auf dem Gebiete der Finanzen, der Wirtschaft und der Rechtspflege vom 18. März 1933, Kapitel X Abs. 2 (Reichsgesetzbl. I S. 109) wird nach Zustimmung des Reichsrats hierdurch verordnet:

§ 1

Die Vier-Reichspfennig-Stücke aus Kupferbronze gelten vom 1. Oktober 1933 ab nicht mehr als gesetzliche

Zahlungsmittel und sind einzuziehen. Von diesem Zeitpunkt ab ist außer den mit der Einlösung beauftragten Kassen niemand verpflichtet, diese Münzen in Zahlung zu nehmen.

§ 2

Die Vier-Reichspfennig-Stücke aus Kupferbronze werden bis zum 30. September 1935 einschließlich bei den Reichskassen und Landeskassen zu ihrem Nennwert sowohl in Zahlung als auch zur Umwechselung angenommen.

§ 3

Die Verpflichtung zur Annahme und zur Umwechselung (§ 2) findet auf durchlöcherte und anders als durch den gewöhnlichen Umlauf im Gewicht verringerte sowie auf verfälschte Münzstücke keine Anwendung.

Berlin, 25. Juli 1933.

Der Reichsminister der Finanzen.
In Vertretung: Reinhardt.

Bekanntmachung über die Ausprägung von Reinnickelmünzen im Nennbetrage von 1 Reichsmark.

Vom 28. Oktober 1933 (RGBl. I S. 795).

Auf Grund des § 3 des Münzgesetzes vom 30. August 1924 (Reichsgesetzbl. II S. 254) in Verbindung mit Kapitel X der Verordnung des Reichspräsidenten über Maßnahmen auf dem Gebiete der Finanzen, der Wirtschaft und der Rechtspflege vom 18. März 1933 (Reichsgesetzbl. I S. 109) werden mit

Zustimmung des Reichsrats Reinnickelmünzen im Nennbetrage von 1 Reichsmark mit folgender Maßgabe hergestellt:

Die Münzen bestehen aus reinem Nickel und dürfen eine Beimischung fremden Metalls im Betrage von mehr als 2 vom Hundert nicht enthalten. Bei der Ausprägung werden aus 1,200 Kilogramm Nickel 250 Stücke ausgeprägt. Die einzelne Münze hat sonach ein Gewicht von 4,8 Gramm. Der Durchmesser beträgt 23,0 Millimeter.

Die Münzen tragen auf der Schriftseite innerhalb des aus einem flachen Stäbchen mit Perlenkreis bestehenden erhabenen Randes am oberen Rande in Fraktur die Aufschrift „Deutsches Reich". In der Mitte steht, von einer aus Eichenblättern bestehenden Verzierung umgeben, die arabische Ziffer „1" und darunter in Fraktur das Wort „Reichsmark". Am unteren Rande befindet sich in arabischen Ziffern die Jahreszahl. Auf der Schauseite befindet sich in der Mitte der Reichsadler, der innerhalb des aus einem flachen Stäbchen mit Perlenkreis bestehenden erhabenen Randes von der in Fraktur ausgeführten Umschrift „Gemeinnutz vor Eigennutz" umgeben ist. Am unteren Rande befindet sich das Münzzeichen, neben dem auf beiden Seiten je ein Eichenzweig angebracht ist. Die Münzen werden im Ringe mit einem glatten Rande, der mit vertieften Arabesken versehen ist, geprägt.

Berlin, 28. Oktober 1933.

Der Reichsminister der Finanzen.
In Vertretung des Staatssekretärs:
Dr. Olscher.

Bekanntmachung über die Ausprägung von Reichssilbermünzen im Nennbetrage von 2 und 5 Reichsmark.

Vom 7. November 1933 (RGBl. I S. 820).

Auf Grund des § 3 des Münzgesetzes vom 30. August 1924 (Reichsgesetzbl. II S. 254) werden mit Zustimmung des Reichsrats Reichssilbermünzen im Nennbetrage von 2 und 5 Reichsmark mit folgender Maßgabe hergestellt:

Die 2-Reichsmark-Stücke haben ein Mischungsverhältnis von 625 Teilen Silber und 375 Teilen Kupfer. Bei der Prägung werden aus 1 Kilogramm Feinsilber 200 Stücke ausgebracht. Die 5-Reichsmark-Stücke haben ein Mischungsverhältnis von 900 Teilen Silber und 100 Teilen Kupfer. Bei der Prägung werden aus 1 Kilogramm Feinsilber 80 Stücke ausgebracht. Danach hat das Stück zu 2 Reichsmark ein Gewicht von 8 Gramm, das Stück zu 5 Reichsmark ein Gewicht von 13,888 888 9 Gramm. Der Durchmesser beträgt bei den 2-Reichsmark-Stücken 25 Millimeter, bei den 5-Reichsmark-Stücken 29 Millimeter.

Die Schauseiten der Münzen tragen in der Mitte den Kopf Martin Luthers im Profil. Innerhalb des aus einem flachen Stäbchen bestehenden erhabenen Randes stehen in der oberen Hälfte in Fraktur die Worte „Martin Luther" und in der unteren Hälfte die Jahreszahlen „1483—1933".

Die Wertseiten der Münzen tragen in der Mitte den Reichsadler. Innerhalb des aus einem flachen Stäbchen bestehenden erhabenen Randes stehen in Fraktur in der oberen Hälfte die Worte „Deutsches Reich" und in der unteren Hälfte die Wertbezeichnung „2 Reichsmark" oder „5 Reichsmark". Unter dem Reichsadler ist das Münzzeichen angebracht.

Die Münzen werden im Ringe mit einem glatten Rande geprägt, der in Antiqua die vertiefte Inschrift „Ein feste Burg ist unser Gott“ führt; Anfang und Ende dieser Inschrift sind durch ein Kreuz getrennt.

Berlin, den 7. November 1933.

Der Reichsminister der Finanzen.
Im Auftrag: Dr. Olscher.

Bekanntmachung über die Ausprägung von Reichssilbermünzen im Nennbetrage von 2 und 5 Reichsmark.

Vom 16. März 1934 (RGBl. I S. 201).

Auf Grund des § 3 des Münzgesetzes vom 30. August 1924 (Reichsgesetzbl. II S. 254) in Verbindung mit dem Gesetz über die Aufhebung des Reichsrats vom 14. Februar 1934 (Reichsgesetzbl. I S. 89) werden Reichssilbermünzen im Nennbetrage von 2 und 5 Reichsmark mit folgender Maßgabe hergestellt:

Die 2-Reichsmark-Stücke haben ein Mischungsverhältnis von 625 Teilen Silber und 375 Teilen Kupfer. Bei der Prägung werden aus 1 Kilogramm Feinsilber 200 Stücke ausgebracht. Die 5-Reichsmark-Stücke haben ein Mischungsverhältnis von 900 Teilen Silber und 100 Teilen Kupfer. Bei der Prägung werden aus 1 Kilogramm Feinsilber 80 Stücke ausgebracht. Danach hat das Stück zu 2 Reichsmark ein Gewicht von 8 Gramm, das Stück zu 5 Reichsmark ein Gewicht von 13,888 888 9 Gramm. Der Durchmesser beträgt bei den 2-Reichsmark-Stücken 25 Millimeter, bei den 5-Reichsmark-Stücken 29 Millimeter.

Die Schauseiten der Münzen tragen innerhalb des aus einem flachen Stäbchen mit Perlenkreis bestehenden erhabenen Randes den Turm der Garnisonkirche von Potsdam. Links vom Turm steht das Datum „21. März" und rechts vom Turm die von zwei Hakenkreuzen eingerahmte Jahreszahl „1933". Am unteren Rande der Schauseiten befindet sich das Münzzeichen.

Die Wertseiten der Münzen tragen in der Mitte den Reichsadler. Innerhalb des aus einem flachen Stäbchen mit Perlenkreis bestehenden erhabenen Randes stehen in Fraktur in der oberen Hälfte die Worte „Deutsches Reich" und in der durch die geteilte Jahreszahl und je 1 Hakenkreuz getrennten unteren Hälfte die Wertbezeichnung „2 Reichsmark" oder „5 Reichsmark".

Die Münzen werden im Ringe mit einem glatten Rande geprägt, der in Fraktur die vertiefte Inschrift „Gemeinnutz geht vor Eigennutz" führt; Anfang und Ende dieser Inschrift sind durch zwei Arabesken und einen Stern getrennt.

Berlin, den 16. März 1934.

Der Reichsminister der Finanzen.
Im Auftrag: Dr. Olscher.

Bekanntmachung über die Ausprägung von Reichssilbermünzen im Nennbetrag von 5 Reichsmark.

Vom 11. Juni 1934 (RGBl. I S. 492).

Auf Grund des § 3 des Münzgesetzes vom 30. August 1924 (Reichsgesetzbl. II S. 254) in Verbindung mit dem Gesetz über die Aufhebung des Reichsrats vom

14. Februar 1934 (Reichsgesetzbl. I S. 89) werden Reichssilbermünzen im Nennbetrag von 5 Reichsmark mit folgender Maßgabe hergestellt:

Die Münzen haben ein Mischungsverhältnis von 900 Teilen Silber und 100 Teilen Kupfer. Bei der Prägung werden aus 1 Kilogramm Feinsilber 80 Stücke ausgebracht. Danach hat das Stück ein Gewicht von 13,888 888 9 Gramm. Der Durchmesser beträgt 29 Millimeter.

Die Schauseite der Münze trägt innerhalb des aus einem flachen Stäbchen mit Perlenkreis bestehenden erhabenen Randes den Turm der Garnisonkirche von Potsdam. Am unteren Rande der Schauseite befindet sich das Münzzeichen.

Die Wertseite der Münze trägt in der Mitte den Reichsadler. Innerhalb des aus einem flachen Stäbchen mit Perlenkreis bestehenden erhabenen Randes stehen in Fraktur in der oberen Hälfte die Worte „Deutsches Reich" und in der durch die geteilte Jahreszahl und je 1 Hakenkreuz getrennten unteren Hälfte die Wertbezeichnung „5 Reichsmark".

Die Münze wird im Ringe mit einem glatten Rande geprägt, der in Fraktur die vertiefte Inschrift „Gemeinnutz geht vor Eigennutz" führt; Anfang und Ende dieser Inschrift sind durch zwei Arabesken und einen Stern getrennt.

Berlin, 11. Juni 1934.

Der Reichsminister der Finanzen.

In Vertretung des Staatssekretärs:

Dr. Olscher.

Gesetz zur Änderung des Münzgesetzes.

Vom 5. Juli 1934 (RGBl. I S. 574).

Die Reichsregierung hat das folgende Gesetz beschlossen, das hiermit verkündet wird:

Artikel I

Das Münzgesetz vom 30. August 1924 (Reichsgesetzbl. II S. 254) in der Fassung der Verordnung des Reichspräsidenten vom 18. Juli 1931 (Reichsgesetzbl. I S. 379), der Vierten Verordnung des Reichspräsidenten zur Sicherung von Wirtschaft und Finanzen und zum Schutze des inneren Friedens vom 8. Dezember 1931, Vierter Teil, Kapitel VI (Reichsgesetzbl. I S. 699/716) und der Verordnung des Reichspräsidenten über Maßnahmen auf dem Gebiete der Finanzen, der Wirtschaft und der Rechtspflege vom 18. März 1933, Kapitel X (Reichsgesetzbl. I S. 109/119) wird wie folgt geändert:

1. Im § 2 Ziffer 3 wird die Zahl „4" gestrichen.

2. § 3 Abs. 2 Satz 1 erhält folgende Fassung:

„Für alle übrigen Münzen werden das Material, das Mischungsverhältnis, das Gewicht und die Gestalt vom Reichsminister der Finanzen bestimmt."

3. Dem § 6 werden folgende Absätze 2 und 3 angefügt:

„Die Münzen werden in der Reichsmünzstätte ausgeprägt. Der Reichsminister der Finanzen bestimmt den Zeitpunkt des Inkrafttretens dieser Vorschrift.

Privatpersonen haben das Recht, in der Reichsmünzstätte Stücke zu 20 Reichsmark für ihre

Rechnung ausprägen zu lassen, soweit die Reichsmünzstätte nicht für das Reich beschäftigt ist. Die für diese Ausprägung zu erhebende Gebühr wird vom Reichsminister der Finanzen festgesetzt."

4. § 7 wird gestrichen.

5. Im § 9 Abs. 1 werden zwischen den Wörtern „Silbermünzen" und „im" die Wörter „und Stücke zu 1 Reichsmark", im Abs. 3 zwischen den Wörtern „Silbermünzen" und „im" die Wörter „und Stücken zu 1 Reichsmark" eingefügt.

6. Im § 12 wird zwischen den Wörtern „Silbermünzen" und „und" das Wort „Nickelmünzen" eingefügt.

7. Im § 14 Abs. 2 werden die Wörter „die Einlösungsfrist muß zwei Jahre betragen" gestrichen.

8. § 16 wird gestrichen.

9. § 19 enthält folgende Fassung:

„Der Reichsminister der Finanzen wird ermächtigt, zur Durchführung und Ergänzung des Münzgesetzes Rechtsverordnungen und allgemeine Verwaltungsvorschriften zu erlassen."

10. In den §§ 6, 9 Abs. 3 und 14 Absätze 1 und 2 werden die Wörter „mit Zustimmung des Reichsrats" gestrichen.

Artikel II

Der Reichsminister der Finanzen wird ermächtigt, den Text des Münzgesetzes vom 30. August 1924 (Reichsgesetzbl. II S. 254), wie er sich aus den Änderungen durch die Verordnung des Reichspräsidenten vom 18. Juli 1931 (Reichsgesetzbl. I S. 379), der Vierten Verordnung des Reichspräsidenten zur Sicherung von Wirtschaft und Finanzen und zum

Schutze des inneren Friedens vom 8. Dezember 1931, Vierter Teil, Kapitel VI (Reichsgesetzbl. I S. 699/716), der Verordnung des Reichspräsidenten über Maßnahmen auf dem Gebiete der Finanzen, der Wirtschaft und der Rechtspflege vom 18. März 1933, Kapitel X (Reichsgesetzbl. I S. 109/119) und durch dieses Gesetz ergibt, unter der Überschrift

Münzgesetz

unter laufender Nummernfolge der Paragraphen bekanntzugeben.

Berlin, den 5. Juli 1934.

Der Reichskanzler
Adolf Hitler

Der Reichsminister der Finanzen
Graf Schwerin von Krosigk.

Verordnung zur Durchführung des Münzgesetzes.

Vom 6. Juli 1934 (RGBl. I S. 594).

Auf Grund des § 19 des Münzgesetzes vom 30. August 1924 (Reichsgesetzbl. II S. 254) in der Fassung des Gesetzes zur Änderung des Münzgesetzes vom 5. Juli 1934 (Reichsgesetzbl. I S. 574) wird hierdurch verordnet:

Die Münzen werden bis auf weiteres für Rechnung des Reichs in den Münzstätten derjenigen Länder, welche sich dazu bereit erklären, ausgeprägt. Das Verfahren bei der Ausprägung unterliegt der Aufsicht des Reichs.

Privatpersonen haben das Recht, in diesen Münzstätten Stücke zu 20 Reichsmark für ihre Rechnung auszuprägen zu lassen, soweit die Münzstätten nicht für das Reich beschäftigt sind. Die für diese Ausprägung zu erhebende Gebühr wird vom Reichsminister der Finanzen festgesetzt.

Im übrigen bestimmt der Reichsminister der Finanzen die auszuprägenden Beträge, die Verteilung dieser Beträge auf die einzelnen Münzstätten und die den letzteren für die Prägung jeder einzelnen Münzgattung gleichmäßig zu gewährende Vergütung. Die Beschaffung der Münzmetalle für die Münzstätten erfolgt auf Anordnung des Reichsministers der Finanzen.

Berlin, 6. Juli 1934.

Der Reichsminister der Finanzen.

In Vertretung des Staatssekretärs:

Dr. Olscher.

Verordnung über die Außerkurssetzung der Reichssilbermünzen im Nennbetrage von 3 Mark und 3 Reichsmark.

Vom 6. Juli 1934 (RGBl. I S. 595).

Auf Grund des § 14 Abs. 1 Ziffer 1 und Abs. 2 des Münzgesetzes vom 30. August 1924 (Reichsgesetzbl. II S. 254) in der Fassung des Gesetzes zur Änderung des Münzgesetzes vom 5. Juli 1934 (Reichsgesetzbl. I S. 574) wird hierdurch verordnet:

§ 1

Die auf Grund des Gesetzes über die Ausprägung von Reichssilbermünzen vom 20. März 1924 (Reichsgesetzbl. I S. 291) ausgeprägten Reichssilbermünzen im Nennbetrage von 3 Mark und die auf Grund des Münzgesetzes vom 30. August 1924 (Reichsgesetzbl. II S. 254) ausgeprägten Reichssilbermünzen im Nennbetrage von 3 Reichsmark gelten ab 1. Oktober 1934 nicht mehr als gesetzliche Zahlungsmittel und sind einzuziehen. Von diesem Zeitpunkt ab ist außer den mit der Einziehung beauftragten Kassen niemand verpflichtet, diese Münzen in Zahlung zu nehmen.

§ 2

Die Reichssilbermünzen im Nennbetrage von 3 Mark und 3 Reichsmark werden bis zum 31. Dezember 1934 einschließlich bei den Reichs- und Landeskassen zu ihrem Nennwert sowohl in Zahlung als auch zur Umwechslung angenommen.

§ 3

Die Verpflichtung zur Annahme und zur Umwechslung (§ 2) findet auf durchlöcherte und anders als durch den gewöhnlichen Umlauf im Gewicht verringerte sowie auf verfälschte Münzen keine Anwendung.

Berlin, den 6. Juli 1934.

Der Reichsminister der Finanzen.

In Vertretung des Staatssekretärs:

Dr. Olscher.

Sachregister.

(Die Zahlen verweisen auf die Seiten.)

Abkürzung: Rbd. = Reichsbankdirektorium.

Otto Walter, Buchdruckerei. Berlin SW 19

Nachweis wichtiger Gesetzesausgaben

mit und ohne Erläuterungen, größere und kleinere Kommentare, Lehrbücher, Sammelwerke, Entscheidungssammlungen, Zeitschriften

Verlag Walter de Gruyter & Co., Berlin W 10 Genthiner Str. 38

Frühjahr 1934

Inhaltsübersicht

I. Allgemeines, Sammelwerke.

Handwörterbuch der Rechtswissenschaft. Unter Mitberatung von Reichsgerichtspräsident Dr. Dr. E. Bumke, Reichsgerichtsrat Dr. L. Busch, Oberreichsanwalt Prof. Dr. Dr. L. Ebermayer, Geh. Rat Professor Dr. Dr. Fr. Endemann, Geh. Justizrat Professor Dr. Dr. E. Heymann, Senatspräsident am Reichsgericht Dr. O. Strecker, Präsident des Bayerischen Obersten Landesgerichts Staatsrat Dr. K. v. Unzner †, herausgegeben von Dr. jur. **Fritz Stier-Somlo,** o. Professor an der Universität Köln, und Dr. jur. **Alexander Elster,** Berlin. 6 Bände. Lexikon-Oktav. 1926/29. 1 Ergänzungsband 1931.

In Halbleder geb. RM. 312.—

„Es zeigt sich doch jetzt immer mehr, daß Ihr Handwörterbuch ein ganz großer Wurf war. Wie ich höre, wird es auch in der Praxis in steigendem Maße benutzt." Professor Dr. Nipperdey, Köln.

Die Reichsgerichtspraxis im deutschen Rechtsleben. Festgabe der juristischen Fakultäten zum 50 jährigen Bestehen des Reichsgerichts (1. Oktober 1929), unter Mitwirkung der Professoren Gerhard Anschütz, Heidelberg, Ernst Heymann, Berlin, Theodor Kipp, Berlin, Wilhelm Kisch, München, Alfred Schultze, Leipzig, Heinrich Siber, Leipzig, herausgegeben von Otto Schreiber, weiland Professor in Königsberg i. Pr. 6 Bde. Groß-Oktav. 1929.

Geh. RM. 110.—, in Halbfranz geb. RM. 134.—

I. Band: Öffentliches Recht. II. Band: Zivil- und Handelsrecht. III. Band: Zivil- und Handelsrecht (Fortsetzung). IV. Band: Handels- und Wirtschaftsrecht. V. Band: Strafrecht und Strafprozeß. VI. Band: Zivilprozeßrecht.

Die Bände werden einzeln abgegeben.

Fünfzig Jahre Reichsgericht am 1. Oktober 1929. Von Dr. Adolf **Lobe,** Senatspräsident am Reichsgericht i. R., M. d. R. unter Mitarbeit von Mitgliedern und Beamten des Reichsgerichts, der Reichsanwaltschaft und der Rechtsanwaltschaft am Reichsgericht. Mit 14 Porträts und 15 Abbildungen. Lexikon-Oktav. VI, 436 Seiten. 1929.

RM. 20.—, in Halbfranz RM. 24.—

Fehr, Hans, **Das kommende Recht.** Groß-Oktav. 28 Seiten. 1933.

RM. 1.—

Die kleine lesenswerte Schrift des bekannten Rechtslehrers enthält viele Gedanken und Anregungen für die kommende Rechtsreform und gibt auf realer Grundlage an der Hand von Beispielen eine interessante Skizze der neuen Rechtslehre.

Küchenhoff, Nationaler Gemeinschaftsstaat, Volkrecht und Volkrechtsprechung. Oktav. 46 Seiten. 1933 . . . . RM. 2.—

Das aus der Weltanschauung des Nationalsozialismus stammende Recht hat sein eigenes neuartiges Gepräge. — Der Verfasser legt die allgemeinen geschichtlichen, weltanschaulichen und staatsrechtlichen Zusammenhänge dar, deren Kenntnis zum Verständnis des neuen Rechts unbedingt erforderlich ist. Seine Ausführungen werden dazu beitragen, weiter methodisch fundierte Grundsätze für die Rechtsanwendung im Dritten Reich zu gewinnen.

Flügge, Ludwig, **Erbbiologisches Denken in Justiz und Verwaltung.** Oktav. 58 Seiten. 1933 . . . . RM. 2.50

Inhalt: Einleitung. — I. Die Bedeutung der Erbmasse und der Umwelt. — II. Die kritische Zeitlage. — III. Praktischer Teil: Erbbiologische Gesichtspunkte bei Verteilung von Ämtern und Arbeitsposten. — Zubilligung und Versagung öffentlicher Ehren und Beeinflussung der Volkssitte. — IV. Rassenhygiene. — V. Das Durchdringen in der gesamten öffentlichen Verwaltung. — VI. Überwindung von Hemmungen.

Bürgerliches Rechtslexikon. (Nach dem Bürgerlichen Gesetzbuch, dem Handelsgesetzbuch und sonstigen Reichs- und Landesgesetzen.) Von E. **Christiani**, weil. Amtsgerichtsrat. Vierte, durchgearbeitete und verbesserte Auflage von Dr. **Alexander Elster**, Rechtsanwalt Dr. Hugo **Hoormann**, Amtsgerichtsrat Georg **Krause**, Lexikon-Oktav. IV, 474 Seiten. 1930 . . . . Geb. RM. 15.—

Crisolli, Karl-August, **Verordnung des Reichspräsidenten über Maßnahmen auf dem Gebiete der Rechtspflege und Verwaltung vom 14. Juni 1932.** Textausgabe mit Einleitung, Vorbemerkungen und Sachregister. Taschenformat. 84 Seiten. 1932. (Guttentagsche Sammlung Deutscher Reichsgesetze Bd. 181.) . . . . RM. 2.15

Die Vierte Notverordnung. (Vierte Notverordnung des Reichspräsidenten zur Sicherung von Wirtschaft und Finanzen und zum Schutze des inneren Friedens. Vom 8. XII. 1931.) Erläuterte Textausgabe mit Durchführungsverordnungen. Taschenformat. XVI, 364 Seiten. 1932. Mit Nachträgen enthaltend die Änderungen bis April 1932. (Guttentagsche Sammlung Dtsch. Reichsgesetze, Bd. 180.) . . . Geb. RM. 5.40

Hedemann, J. W., **Einführung in die Rechtswissenschaft.** Zweite, erweiterte und umgestaltete Auflage. Oktav. XXII, 566 Seiten. 1927. (Lehrbücher und Grundrisse der Rechtswissenschaft Bd. IX.)
RM. 12.60, geb. RM. 14.40

„. . . *Die glänzende Darstellungsweise macht das Studium des Werkes zu einem Vergnügen. Beneidenswert der Student, der an der Hand dieses erlesenen Führers in das weite Gebiet unserer Wissenschaft eingeführt wird. Aber auch der Praktiker wird dieses Buch, das ihm einen Ausblick von hoher Warte bietet, nicht ohne Nutzen lesen.“ Juristische Blätter Nr. 13, v. 2. VII. 1927.*

Wegner, Arthur, **Einführung in die Rechtswissenschaft.**
I. Band: Aufbau des Rechtes, geschichtlich und systematisch. Rechtswissenschaftliche Arbeitsweise. Bürgerliches Recht. Handelsrecht. Arbeitsrecht. 144 Seiten. 1931. (Sammlung Göschen Bd. 1047.)
Geb. RM. 1.62
II. Band: Drei Bücher Öffentliches Recht: Staat, Völkergemeinschaft, Kirche. 140 Seiten. 1931. (Sammlung Göschen Bd. 1048.)
Geb. RM. 1.62

Schröder, Richard, und **Künßberg**, F., **Lehrbuch der deutschen Rechtsgeschichte.** Siebente Auflage. Groß-Oktav. Mit einer Abbildung im Text und einem Bildnis. IV, 1083 Seiten. 1932 . Geb. RM. 33.30
Dieses bekannte Lehrbuch hat sich seit langen Jahren bestens bewährt.

Fehr, Hans, **Deutsche Rechtsgeschichte.** Zweite, verbesserte und ergänzte Auflage. Oktav. 416 Seiten. 1925. (Lehrbücher und Grundrisse der Rechtswissenschaft Bd. X.) . . RM. 11.70, geb. RM. 13.—

Schröder, Richard, und **Glitsch**, Heinrich, **Deutsche Rechtsgeschichte.** Zweite Auflage. Neudruck.
I. Bis zum Ende des Mittelalters. 160 Seiten. 1929. (Sammlung Göschen Bd. 621.) . . . . Geb. RM. 1.62
II. Die Neuzeit. 90 Seiten. 1929. (Sammlung Göschen Bd. 664.)
Geb. RM. 1.62

Giese, Friedrich, **Preußische Rechtsgeschichte.** Übersicht über die Rechtsentwicklung der preußischen Monarchie und ihrer Landesteile. Ein Lehrbuch für Studierende. Groß-Oktav. 256 Seiten. 1920.
RM. 5.—, geb. RM. 6.50

von Mayr, Robert, **Römische Rechtsgeschichte.** I. Buch. Die Zeit des Volksrechtes. 1. Hälfte: Das öffentliche Recht. 150 Seiten. 1912. (Sammlung Göschen Bd. 577.) . . . . Geb. RM. 1.62
2. Hälfte: Das Privatrecht. 117 Seiten. 1912. (Sammlung Göschen Bd. 578.) . . . . Geb. RM. 1.62
II. Buch: Die Zeit des Amts- und Verkehrsrechtes. 1. Hälfte: Das öffentliche Recht. 158 Seiten. 1912. (Sammlung Göschen Bd. 645.) Geb. RM. 1.62
2. Hälfte: Das Privatrecht I. 122 Seiten. 1913. (Sammlung Göschen Bd. 646.) . . . . Geb. RM. 1.62
Das Privatrecht II. 150 Seiten. 1913. (Sammlung Göschen Bd. 647.) Geb. RM. 1.62
III. Buch. Die Zeit des Reichs- und Volksrechtes. 111 Seiten. 1913. (Sammlung Göschen Bd. 648.) . . . . Geb. RM. 1.62
IV. Buch. Die Zeit der Orientalisierung des römischen Rechtes. 155 Seiten. 1913. (Sammlung Göschen Bd. 697.) . . . . Geb. RM. 1.62

Schott, Richard, **Hilfsbüchlein für die Vorlesungen über Institutionen, Geschichte und Zivilprozeß des römischen Rechts.** 2. Auflage. Oktav. 42 Seiten. 1933 . . . . RM. 1.60
„Ein Büchlein, das sehr brauchbares Material bietet. Kein Lehrbuch, kein Grundriß, sondern eine gut aufgebaute und juristisch klar durchgearbeitete Sammlung von Belegstellen und Quellen zur Erleichterung des Studiums des römischen Rechts. . ."
Der Referendar Nr. 8, v. 15. IX. 1931.

Stammler, Rudolf, **Lehrbuch der Rechtsphilosophie.** Dritte, vermehrte Auflage. Groß-Oktav. XVI, 396 Seiten. 1928.
RM. 13.—, geb. RM. 15.—
„. . . kann das Buch wegen der Meisterschaft der Darstellung, wegen der Klarheit und Genauigkeit seiner Formulierungen und wegen des außerordentlich reichen literarischen Apparates auf das Wärmste empfohlen werden. Ein ausführliches Register erleichtert den Gebrauch."
Leipziger Ztsch. f. deutsches Recht Nr. 22, v. 15. XI. 1929.

Stammler, Rudolf, **Rechts- und Staatstheorien der Neuzeit.** Leitsätze zu Vorlesungen. Zweite, vermehrte und verbesserte Auflage. Oktav. IV, 116 Seiten. 1925. . . . . RM. 3.50, geb. RM. 4.50
Ein unentbehrlicher Führer durch die Rechts- und Staatstheorien der Neuzeit.

Stammler, Rudolf, **Wirtschaft und Recht** nach der materialistischen Geschichtsauffassung. Eine sozialphilosophische Untersuchung. Fünfte, durch einen Nachtrag ergänzte Auflage. Oktav. VIII, 704 Seiten. 1924. . . . . RM. 14.—, geb. RM. 16.—

Friedrichs, Karl, **Der Allgemeine Teil des Rechts.** Eine Darstellung der gemeinsamen Lehren des öffentlichen und des privaten Rechts. Groß-Oktav. X, 306 Seiten. 1927. . . . . . . RM. 12.—, geb. RM. 13.50
„Eine solche Arbeit fehlte bisher in der juristischen Literatur. Friedrichs ist wie kein anderer berufen, eine grundlegende Arbeit über dieses Gebiet zu schreiben."
Mitteilungen des Preuß. Richtervereins Nr. 4, v. 15. IV. 1927.

Maas, Georg, und **Magnus,** Julius, **Abkürzungsverzeichnis der Rechtssprache.** Abkürzungen der Bezeichnungen von Rechtsquellen, Behörden, Entscheidungen usw. des deutschen und österreichischen Rechts. Oktav. IV, 131 Seiten. 1929 . . . . RM. 4.—, geb. RM. 5.—

„Bis jetzt fehlte eine Zusammenstellung, die in zuverlässiger Weise die gebräuchlichsten Abkürzungen wiedergab. Diese Lücke füllt das neue Buch in glücklicher Weise aus."

Der junge Rechtsgelehrte Nr. 5, v. 1. III. 1929.

Endemann, Friedrich, **Grundriß des römischen Privatrechts.** Oktav. X, 256 und 30 Seiten. 1925. (Lehrbücher und Grundrisse der Rechtswissenschaft Bd. XII.) . . . . RM. 8.10, geb. RM. 9.50

„. . . Die Sprache ist einfach, klar, leicht und verständlich. Anmerkungen, die so oft in anderen Werken stören, sind ganz vermieden. . . So hat Endemann ein nach jeder Richtung hochstehendes Werk geschaffen."

Der junge Rechtsgelehrte Nr. 16, v. 1. VIII. 1925.

Stammler, Rudolf, **Aufgaben aus dem römischen Recht.** Der „Institutionenübungen für Anfänger" vierte Auflage. Oktav. IV, 92 Seiten. Mit Figuren im Text. 1919 . . . . Geb. RM. 5.—

Zum selbständigen Einarbeiten in das System des römischen Privatrechts.

II. Bürgerliches Recht

1. Bürgerliches Gesetzbuch

Lehmann, Heinrich, **Allgemeiner Teil des Bürgerlichen Gesetzbuches.** Vierte, vermehrte und verbesserte Auflage. Oktav. XVI, 512 Seiten. 1933. (Lehrbücher und Grundrisse der Rechtswissenschaft Bd. I.) Geb. RM. 14.—

Die 4. Auflage des bewährten Grundrisses des Allgemeinen Teiles hat die gesetzlichen Neuerungen überall berücksichtigt. Im übrigen erschien ein Hinausschieben der Neuauflage in Hinsicht auf mögliche Gesetzesreformen nicht angebracht. Das Bürgerliche Recht und namentlich der Allgemeine Teil des BGB dürften einer Gesetzesreform am wenigsten bedürfen; ihnen ist eine größere Elastizität eigen als den öffentlichrechtlichen Teilen der Rechtsordnung, z. B. dem Strafrecht. Lebendiges Recht zu bieten, war die Aufgabe dieses Grundrisses stets.

Leonhard, R., **Der Allgemeine Teil des Bürgerlichen Gesetzbuches** in seinem Einflusse auf die Fortentwicklung der Rechtswissenschaft. Groß-Oktav. XVI, 537 Seiten. 1900. (Recht des Bürgerlichen Gesetzbuches in Einzeldarstellungen Nr. X.) . . . . RM. 10.—

Die Sammlung „Recht des Bürgerlichen Gesetzbuches" umfaßt systematische Darstellungen des BGB. aus der Feder erster Juristen der Wissenschaft und Praxis.

Oertmann, Paul, **Allgemeiner Teil des Bürgerlichen Gesetzbuches.**
I. Einleitung. Lehre von den Personen und von den Sachen. Dritte, verbesserte Auflage. 136 Seiten. 1926. (Sammlung Göschen Bd. 447.) Geb. RM. 1.62
II. Erwerb und Verlust, Geltendmachung und Schutz der Rechte. Dritte, verbesserte Auflage. 147 Seiten. 1928. (Sammlung Göschen Bd. 448.) . . . . Geb. RM. 1.62

Plancks Kommentar zum Bürgerlichen Gesetzbuch nebst Einführungsgesetz. Bisher herausgegeben von E. Strohal. Bearbeitet von E. Brodmann, L. Busch, J. Ebbecke, F. Flad, M. Greiff, K. Gunkel, P. Knoke, M. Landois, A. Lobe, Fr. Oegg, H. Siber, O. Strecker, K. von Unzner. Vierte, völlig neubearbeitete Auflage. Lexikon-Oktav. Bisher sind erschienen:
I. Band: Allgemeiner Teil. 606 Seiten. 1913. RM. 15.—, geb. RM. 17.—
II. Band, 1. Hälfte: Recht der Schuldverhältnisse. (Allgemeiner Teil.) 640 Seiten. 1914 . . . . RM. 15.—, geb. RM. 17.—

II. Band, 2. Hälfte: Recht der Schuldverhältnisse. (Besonderer Teil.) 1296 Seiten. 1928 . . . . **RM. 49.—, geb. RM. 52.—**
III. Band: Sachenrecht. 5. Auflage. 1. Lieferung: Einleitung und §§ 854 bis 902. 321 Seiten. 1931 . . . . **RM. 14.—**
2. Lieferung: §§ 903—1017 und Verordnung über das Erbbaurecht. Seite 321—729. 1933 . . . . RM. 17.—
3. Lieferung: §§ 1018—1112. Seite XII, 729—941. 1933 . . RM. 12.—
IV. Band: Familienrecht. 1. Hälfte §§ 1297—1588. 701 Seiten. 1928. RM. 26.—, geb. RM. 28.—
V. Band: Erbrecht. Vierte, **völlig neubearbeitete Auflage.** Groß-Oktav. XII, 1136 Seiten. 1930 . . RM. 51.—, geb. RM. 54.—
Sonderprospekt kostenlos.

Das Bürgerliche Gesetzbuch mit besonderer Berücksichtigung der Rechtsprechung des Reichsgerichts. Erläutert von Dr. Bessau, Dr. Hallamik, Dr. Lobe, Michaelis, Dr. Oegg, Sayn, Schliewen und Seyffarth, Reichsgerichtsräten und Senatspräsidenten am Reichsgericht. Achte, wesentlich umgearbeitete Auflage. 5 Bände. Lexikon-Oktav.
I. Band. Allgemeiner Teil. Recht der Schuldverhältnisse I (Allgemeiner Teil) bearbeitet von Dr. Bessau, Dr. Oegg, Sayn (Allgemeiner Teil) Michaelis, (Recht der Schuldverhältnisse). 696 Seiten. 1934. In Halbleder geb. RM. 30.—
Die Abnahme des I. Bandes verpflichtet zum Bezug des ganzen Werkes. Band II und V sollen in rascher Folge zur Ausgabe gelangen.
„Der Standard-Kommentar zum BGB. ... Daß im übrigen wie in den bisherigen Auflagen die Rechtsprechung der Praxis eingehend bearbeitet ist und höchstes Niveau gehalten wird, bedarf keiner besonderen Betrachtung, hat doch der Erfolg des Kommentars dies bereits in den früheren Auflagen hinreichend bestätigt. So kann auch die neue Auflage als schlechthin unentbehrlich für die Praxis bezeichnet werden. Der Wunsch eines vollen Erfolges sei ihr mit auf den Weg gegeben.“ *Deutsche Justiz v. 16. 2. 34.*

Achilles-Greiff, Bürgerliches Gesetzbuch nebst Einführungsgesetz. Mit Einleitung, Anmerkungen und Sachregister. Nach dem Tode des ersten Herausgebers Dr. A. Achilles in Verbindung mit J. Altstötter, Oberamtsrichter in München, O. Meyer, Oberlandesgerichtspräsident in Celle, Dr. J. Kieckebusch, Land- und Amtsgerichtsrat in Kassel, Dr. O. Strecker, Senatspräsident am Reichsgericht i. R. in Leipzig, herausgegeben von Dr. M. Greiff, Wirkl. Geh. Oberjustizrat, Oberlandesgerichtspräsident i. R. in Berlin. Dreizehnte, vermehrte und verbesserte Auflage. Mit Erläuterungen der Verordnung über das Erbbaurecht, des Gesetzes über die religiöse Kindererziehung und des Gesetzes für Jugendwohlfahrt. Groß-Oktav. XXIII, 1304 Seiten. 1930. (Guttentagsche Sammlung Deutscher Reichsgesetze Bd. 38/39.) . . . . Geb. RM. 21.60
„Das angesehene Werk bedarf keines Wortes der Empfehlung. Es gehört zu denjenigen Handkommentaren, die sich in der juristischen Praxis unangefochtenes Bürgerrecht erworben haben . . .“ *Berliner Tageblatt v. 22. VII. 1930.*

Bürgerliches Gesetzbuch nebst Einführungsgesetz. Vom 18. August 1896 mit Berücksichtigung der bis zum 1. Januar 1928 ergangenen Abänderungen. Textausgabe mit ausführlichem Sachregister. Sechzehnte Auflage. (61. bis 66. Tausend). Taschenformat. 758 Seiten. 1928. (Guttentagsche Sammlung von Textausgaben ohne Anmerkungen mit Sachregister.) . . . . Geb. RM. 2.50

Schulz, F. H., Bürgerliches Gesetzbuch und Einführungsgesetz. Taschenformat. Zweite, unveränderte Auflage. XI, 664 Seiten. 1931.
(Lehrausgaben Deutscher Gesetze, Bd. I.) Geb. RM. 5.—

Lindemann, Otto, **Ausführungsgesetz zum Bürgerlichen Gesetzbuche** vom 20. September 1899 nebst einem Anhang: Verordnung zur Ausführung des Bürgerlichen Gesetzbuchs vom 16. November 1899. Nach dem Tode des früheren Herausgebers Kammergerichtsrat Dr. P. Siméon, erläutert von Geh. Oberjustizrat Otto Lindemann, Ministerialdirektor im Pr. Justizministerium. Vierte Auflage. Taschenformat. 208 Seiten. 1930. (Guttentagsche Sammlung Preußischer Gesetze Bd. 23.) Geb. RM. 4.50

„. . . Der Praxis ist aber mit einer solchen Ausgabe besonders gedient . . . die sich Aufklärung über die Tragweite und die Bedeutung einer Vorschrift des Preuß. AGBGB. verschaffen wollen, finden in Lindemanns Ausführungen einen nie versagenden Führer."
Der junge Rechtsgelehrte Nr. 10, v. 15. V. 1930.

Juristischer Anschauungsstoff. Herausgegeben von Helmut Rühl, o. Prof. d. Rechte a. d. Univ. Göttingen.
Heft 1:
Rühl, H., **Bürgerliches Recht und Arbeitsrecht.** Groß-Oktav. VIII, 148 Seiten. 1931 . . . . RM. 4.—

In der Sammlung „Juristischer Anschauungsstoff" werden für den Gebrauch im akademischen Unterricht Urkunden aus der Rechtspraxis zusammengestellt. So bringt das erste Heft 140 typische Beispiele für fast jedes Rechtsinstitut des BGB. und des Arbeitsrechts (Registereintragungen, Geschäftsbedingungen, Tarifverträge, Satzungen usf.). Die Anordnung folgt dem Gang des Gesetzes.

Schück, Richard, **Zivilrechtspraktikum.** Zum Selbststudium und zum Lehrgebrauch. Vierte, vermehrte Auflage. Herausgegeben von Gustav Schreiber. Groß-Oktav. 160 Seiten. 1930.
Geb. RM. 6.—

Das „Schücksche Zivilrechtspraktikum" bringt in einem billigen Band über 600 Fälle aus allen fünf Büchern des BGB. und dem Einführungsgesetz.

von der Mosel, Heinrich, **Lösungen** zu dem von Kammergerichtsrat Dr. Richard Schück herausgegebenen **Zivilrechtspraktikum.** Nach dem Bürgerlichen Gesetzbuch bearbeitet für Studierende und Referendare. Fünfte Auflage. Oktav. 227 Seiten. 1931.
RM. 6.—, kart. RM. 6.50

Die Lösungen behandeln fast alle in dem Praktikum enthaltenen Fälle.

v. Schwerin, Cl., Frhr., **Grundzüge des deutschen Privatrechts.** Zweite Auflage. Oktav. XII, 342 Seiten. 1928. (Lehrbücher und Grundrisse der Rechtswissenschaft Bd. XIII.) . . RM. 8.50, geb. RM. 9.90

„. . . bei seiner gedrängten, aber klaren Darstellung bringt das Buch trotz meisterhafter Beschränkung auf das Wesentliche eine erstaunliche Fülle des Inhaltes. Es kann jedem Rechtsbeflissenen, der es mit seiner wissenschaftlichen Ausbildung ernst meint, bestens empfohlen werden." *Deutsche Richterzeitung v. 15. VI. 1928.*

Melchior, Georg, **Die Grundlagen des deutschen internationalen Privatrechts.** Oktav. XXXII, 558 Seiten. 1932 . . RM. 24.—, geb. RM. 26.—

Wegner, Arthur, **Jugendrecht.** Ein Lehrbuch zur Einführung. Oktav. IX, 219 Seiten. 1929 . . . . RM. 5.40, geb. RM. 6.75

Schuldverhältnisse insbesondere

Hedemann, Justus Wilh., **Schuldrecht des Bürgerlichen Gesetzbuches.** Zweite Auflage. Oktav. XXIV, 503 Seiten. 1931. (Lehrbücher und Grundrisse der Rechtswissenschaft Bd. II.)
RM. 13.—, geb. RM. 14.40

„Es ist sehr zu begrüßen, daß das ausgezeichnete und inhaltsreiche Werk des hervorragenden Rechtslehrers in der zweiten Auflage eine Umarbeitung erfahren hat. Alles in allem gesehen, ein außerordentlich wertvolles Werk, auf das insbesondere die Studierenden nicht genug hingewiesen werden können.“

Der Referendar Nr. 4, v. 15. IV. 1932.

Oertmann, Paul, **Schuldrecht.** (BGB. II.)
I. Allgemeine Lehren. Dritte, verbesserte Auflage. 142 Seiten. 1927. (Sammlung Göschen Bd. 323.) . . . . Geb. RM. 1.62
II. Die einzelnen Schuldverhältnisse. Dritte, verbesserte Auflage. 159 Seiten. 1929. (Sammlung Göschen Bd. 324.) . . . Geb. RM. 1.62

Meyer, Georg, **Das Recht der Beschlagnahme von Lohn, Gehalt und Diensteinkommen.** Auf Grund des Reichsgesetzes vom 21. Juni 1869, der Verordnung über Lohnpfändung vom 25. Juni 1919 nebst Abänderungen und der Zivilprozeßordnung dargestellt. Siebente, vermehrte Auflage. Taschenformat. 174 Seiten. 1930. (Guttentagsche Sammlung Deutscher Reichsgesetze Bd. 55.) . . . Geb. RM. 4.—

Seligsohn, Franz, **Kommentar zum Haftpflichtgesetz.** Zweite Auflage. Groß-Oktav. 360 Seiten. 1930 . . . . . RM. 12.—, geb. RM. 13.50

„Ein Kommentar von erfreulicher Gründlichkeit und Gediegenheit, wertvoll durch klare rechtliche Durchdringung des Stoffes wie durch Sorgsamkeit in der Sammlung, namentlich auch der auf diesem Gebiet besonders ergiebigen und wichtigen Rechtsprechung. Den Erläuterungen der einzelnen Vorschriften sind vortreffliche Übersichten vorangestellt, die den Inhalt der gesetzlichen Regelung scharf und eindringlich disponieren. Das Werk ist für die praktische Rechtsanwendung bestens zu empfehlen.

Juristische Rundschau Nr. 22, v. 15. XI. 1931.

Krieg, O., **Mietrecht und Wohnungsmangelgesetzgebung** im Reiche, in Preußen und in Berlin, einschließlich Hauszinssteuer, Kostenwesen und Rechtsentscheiden des Kammergerichts und des Obersten Landesgerichts. Zusammengestellt und mit ausführlichem Schlagwortregister versehen. Vierte Auflage. Taschenformat. XII, 594 Seiten. 1928. (Guttentagsche Sammlung Deutscher Reichsgesetze Bd. 156.) . . Geb. RM. 9.—

„Das Werk ist ein zuverlässiger Führer nicht nur durch das zur Zeit geltende Mietnotrecht, sondern auch durch die häufig noch in Rechtsstreitigkeiten zur Anwendung kommenden älteren Bestimmungen. Es ist jedem Mietrechtler völlig unentbehrlich.“

Juristische Rundschau v. 1. IV. 1930.

Nachtrag: **Gesetz über Mieterschutz und Mieteinigungsämter.** Änderungen seit der Bekanntmachung vom 17. Februar 1928 (Reichsgesetzblatt I S. 25). 1933 . . . . RM. 0.50

Stölzle, Hans, **Viehkauf** nach Bürgerlichem Gesetzbuch und ausländischem Recht. Verordnung, betreffend die Hauptmängel und Gewährfristen beim Viehhandel. Von Eugen Fröhner. Sechste, vermehrte und wesentlich verbesserte Auflage. Taschenformat. 699 Seiten. 1926. (Guttentagsche Sammlung Deutscher Reichsgesetze Bd. 50.) Geb. RM. 13.50

Crisolli, Karl-August, Das Reichsgesetz, betreffend die **Abzahlungsgeschäfte** vom 16. Mai 1894. Mit Einleitung, Anmerkungen und Sachregister. Unter Mitwirkung von Julius Crisolli. Vierte, völlig umgearbeitete Auflage des Werkes von Hoffmann-Wilke. Taschenformat. 413 Seiten. 1931. (Guttentagsche Sammlung Deutscher Reichsgesetze Bd. 34.) . . . . Geb. RM. 7.20

Göppert, H., **Gesetz, betreffend die gemeinsamen Rechte der Besitzer von Schuldverschreibungen.** Zweite Auflage, bearbeitet von E. Trendelenburg. Taschenformat. 156 Seiten. 1915. (Guttentagsche Sammlung Deutscher Reichsgesetze Bd. 52.) . . . . . Geb. RM. 1.35

Kruse, Fr. Vinding, **Das Eigentumsrecht.** Aus dem Dänischen übersetzt von Knud Larsen. Groß-Oktav. XXIII, 881 Seiten. 1931.
Geb. RM. 25.—

„Das gewaltige Werk will eine allgemeine Rechtslehre und überhaupt Gesellschaftslehre unter Ausnützung des geltenden Rechts und der Rechtsgeschichte geben... Die glückliche Verbindung juristischer und ökonomischer Betrachtung, die Fülle des Tatsachenmaterials und Rechtsstoffes lassen das Buch als wertvolle Bereicherung der Literatur gelten...“
Prager juristische Zeitschrift Nr. 2, Januar 1932.

Beiträge zum ausländischen und internationalen Privatrecht, herausgegeben vom Institut für ausländisches und internationales Privatrecht.

Heft 1:
Nußbaum, Arthur, **Vertraglicher Schutz gegen Schwankungen des Geldwertes.** Goldklauseln und andere Abreden zur Minderung des Valutarisikos. Groß-Oktav. 95 Seiten. 1928 . . . . RM. 5.—

Heft 2:
Wolff, John, **Die Haftung des Verkäufers einer fremden beweglichen Sache in den Vereinigten Staaten von Amerika in Vergleichung mit dem deutschen bürgerlichen Recht.** Groß-Oktav. 84 Seiten. 1930.
RM. 4.—

Heft 3:
Friedmann, Wolfgang, **Die Bereicherungshaftung** im anglo-amerikanischen Rechtskreis in Vergleichung mit dem deutschen bürgerlichen Recht. Groß-Oktav. 148 Seiten. 1930 . . . . RM. 7.—

Heft 4:
Raiser, Ludwig, **Die Wirkungen der Wechselerklärungen im internationalen Privatrecht.** Groß-Oktav. 124 Seiten. 1931 . . RM. 9.—

Heft 5:
Rheinstein, Max, **Die Struktur des vertraglichen Schuldverhältnisses** im anglo-amerikanischen Recht. Groß-Oktav. 256 Seiten. 1932.
RM. 15.30

Heft 6:
Kessler, Friedrich, **Die Fahrlässigkeit im nordamerikanischen Deliktsrecht unter vergleichender Berücksichtigung des englischen und des** deutschen Rechts. Groß-Oktav. 183 Seiten. 1932 . . . . RM. 9.—

Heft 7:
Arndt, Karl, **Zessionsrecht.** I. Teil: Rechtsvergleichung. Groß-Oktav. 175 Seiten. 1932. RM. 6.—

Heft 8:
Duden, Konrad, **Der Rechtserwerb** vom Nichtberechtigten an beweglichen Sachen und Inhaberpapieren im deutschen internationalen Privatrecht. Groß-Oktav. 137 Seiten. 1934 . . . . RM. 5.—

Sachenrecht insbesondere

Hedemann, Justus Wilh., **Sachenrecht des Bürgerlichen Gesetzbuches.** Oktav. XXXII, 507 Seiten. 1924. (Lehrbücher und Grundrisse der Rechtswissenschaft Bd. III.) . . . . RM. 10.80, geb. RM. 12.10

„Ein trotz seiner Kürze ausgezeichnetes und inhaltreiches Lehrbuch, nicht nur für den Studierenden, sondern auch für ältere Juristen. Die Arbeit ist wissenschaftlich tiefgründig und doch gemeinverständlich geschrieben.“ *Zeitschrift des Deutschen Notarvereins Nr. 6, 1924.*

Kretzschmar, F., Sachenrecht.
I. Allgemeine Lehren. Besitz und Eigentum. Zweite, verbesserte Auflage. 142 Seiten. 1922. (Sammlung Göschen Bd. 480.) Geb. RM. 1.62
II. Begrenzte Rechte. 144 Seiten. 1923. (Sammlung Göschen Bd. 481.) Geb. RM. 1.62

Der Eigentumsvorbehalt in Wirtschaft und Recht. Herausgegeben von der Industrie- und Handelskammer zu Berlin. Oktav. 280 Seiten. 1931 . . . . RM. 4.—, geb. RM. 5.—

„. . . Kurzum in jeder Beziehung eine umfassende Darstellung, das Handbuch des Eigentumsvorbehalts, gleich wertvoll für Wirtschaft, Rechtsprechung und Rechtslehre.“
Juristische Rundschau Nr. 21, v. 1. XI. 1931.

Lenzen, Georg, **Das Deutsche Pfandleihrecht.** Kommentar zum preußischen Pfandleihgesetz unter Berücksichtigung der außerpreußischen Gesetze. Oktav. XXVI, 266 Seiten. 1929 . . . . Geb. RM. 20.—

„Diese zusammenfassende Darstellung ist die erste ihrer Art und sehr verdienstlich. Das Buch regt zu allerhand Fragen an.“
Juristische Wochenschrift Nr. 11, 1929.

Günther, Hermann, **Erbbaurecht.** Taschenformat. 167 Seiten. 1919. (Guttentagsche Sammlung Deutscher Reichsgesetze Bd. 135.) Geb. RM. 1.80

Arnheim, Hugo, **Grundbuchordnung.** Kommentar zur Grundbuchordnung für das Deutsche Reich nebst den für Preußen erlassenen Ausführungsbestimmungen. Zweite, völlig neubearbeitete Auflage. Lexikon-Oktav. 959 Seiten. 1913 . . . . RM. 15.—

Fischer, Otto, und **Fischer,** Norbert, **Grundbuchordnung für das Deutsche Reich** nebst den preußischen Ausführungsbestimmungen. Neunte, durchgearbeitete und ergänzte Auflage. Taschenformat. 322 Seiten. 1927. (Guttentagsche Sammlung Deutscher Reichsgesetze Bd. 42.) Geb. RM. 4.50

„Eine der vortrefflichen alteingeführten Handausgaben der Guttentagschen Sammlung, bei der schon die Auflagenziffer für die Brauchbarkeit in der Praxis spricht. Nach wie vor ist das Buch ein vortrefflicher Wegweiser und Berater.“
Juristische Wochenschrift Nr. 44, v. 29. XI. 1927.

Ricks, Gerhard, **Die Grundbuchpraxis.** Ein Handbuch für den täglichen Gebrauch in Grundbuchsachen. Achte Auflage. Mit Nachtrag. Groß-Oktav. XII, 412 Seiten. 1929 . . . RM. 12.—, geb. RM. 14.—

„Das Buch hat einen Anspruch darauf, in der Praxis geradezu verschlungen zu werden. Es ist aus der täglichen Praxis heraus für die Praxis lebensfrisch und unterhaltend geschrieben.“
Mitteilg. a. d. Württemb. Notariats-Praxis Nr. 2, 1929.

Friedlaender, Martin, **Hypothekenbeschaffung für Wohn- und Geschäftshäuser.** Handbuch für die Praxis der Grundstückswirtschaft. Groß-Oktav. VIII, 151 Seiten. 1929 . . . . . . RM. 6.—, geb. RM. 7.50

„Das Buch gibt einen außerordentlich praktischen Überblick über alle Fragen der Hypothekenbeschaffung.“
Deutsche Sparkassen-Zeitung v. 5. I. 1929.

Familienrecht, Erbrecht

Lehmann, Heinrich, **Familienrecht** des Bürgerlichen Gesetzbuches einschließlich Jugendfürsorgerecht. Oktav. XII, 352 Seiten. 1926. (Lehrbücher und Grundrisse der Rechtswissenschaft Bd. IV.)
RM. 9.90, geb. RM. 11.25

Titze, Heinrich, **Familienrecht**. (BGB. IV.) 169 Seiten. Neudruck. 1924. (Sammlung Göschen Bd. 305.) . . . . Geb. RM. 1.62

Tunica, Gustav, **Goldschmidt**, Ernst, **Ehescheidungsrecht**. Die Ehescheidungsgründe des Bürgerlichen Gesetzbuches durch die Rechtsprechung erläutert. Eine Sammlung grundlegender Entscheidungen des Reichsgerichts, der Oberlandesgerichte usw. 2., umgearbeitete und ergänzte Auflage. Oktav. XXIII, 217 Seiten. 1926 . . RM. 7.50, geb. RM. 9.—

Hildebrandt, Heinz, **Mitschuldklage** zugleich ein Beitrag zur Lehre von der Rechtskraft und dem Einheitsgrundsatz in Scheidungs- und Anfechtungssachen. Oktav. 80 Seiten. 1933 . . . . RM. 4.50

Endemann, H., **Erbrecht**. Oktav. XII, 166 Seiten. 1923. (Lehrbücher und Grundrisse der Rechtswissenschaft Bd. V.) RM. 2.70, geb. RM. 4.—

„Dieser Leitfaden behandelt den spröden Stoff des schwierigen Erbrechts in meisterhafter, fesselnder Darstellung."
Zeitschrift des Bundes Deutscher Justizamtmänner v. 15. III. 1924

v. Blume, Wilh., Erbrecht. (BGB. V.)
I. **Einleitung**. Die Grundlagen des Erbrechts. 75 Seiten. 1913. (Sammlung Göschen Bd. 659.) . . . . Geb. RM. 1.62
II. Die Nachlaßbeteiligten. Mit 23 Figuren. 131 Seiten. 1913. (Sammlung Göschen Bd. 660.) . . . . Geb. RM. 1.62

Riesenfeld, S., **Die Erbenhaftung nach dem Bürgerlichen Gesetzbuch.** Groß-Oktav. 2 Bände. 1916 . . . . . RM. 15.—, geb. RM. 18.—
I. Band: Die Grundsätze der Haftung. XII, 461 Seiten.
II. Band: Das Inventar und die Mittel der Haftungsbeschränkung. VIII, 455 Seiten.

Wagemann, Gustav, und **Hopp**, Karl, **Reichserbhofgesetz** vom 29. September 1933. Erläuterungsbuch. 2. Auflage von Wagemann, Bäuerliches Erbhofrecht. Taschenformat. 216 Seiten. 1933. (Guttentagsche Sammlung Deutscher Reichsgesetze Bd. 185.) Geb RM. 4.50

„So ist denn auch dieser neue Kommentar mit derselben Wärme geschrieben, mit der der erste Kommentar geschrieben war, und mit dem er für das Gesetz geworben hatte. Auch die Sprache ist so volkstümlich wie im ersten Kommentar gehalten und wendet sich nicht nur an den Juristen, sondern an alle interessierten Kreise. Darüber hinaus ist dem Kommentar ein Geleitwort des Preußischen Justizministers beigegeben, das von der ganzen Liebe, die er für diese Materie hegt, zeugt. Ferner ist ein geschichtlicher und lebensphilosophischer Grundriß des Erbhofgedankens von Staatssekretär Dr. Freisler beigefügt, der in seiner sprühenden Lebendigkeit überall Freude erregen und Verständnis wecken wird." „Deutsche Justiz" Ausgabe A, Nr. 46, 1933.

Hopp, Karl, **Der Geschäftsgang in Erbhofsachen.** Ein Handbuch für die anerbenrechtliche Praxis. 1933 . . . . Etwa RM. 4.—

Das Buch schließt sich eng an die vorliegende Ausgabe des Reichserbhofgesetzes an. Es ist ein Handbuch für die Praxis der Anerbengerichte, das neben Entwürfen für alle in Betracht kommenden Verfügungen und Entscheidungen gleichzeitig eine eingehende Erörterung aller bei den Einzelfällen möglichen Zweifelsfragen enthält. Die in der Praxis der Preußischen Anerbengerichte bei der Anlegung der Erbhöferolle nach dem Preußischen Bäuerlichen Erbhofrecht v. 15. 5. 1933 bereits gesammelten Erfahrungen werden mit verwertet.

Aufwertung[1]

Michaelis, Richard, **Das Aufwertungsrecht** nach den Aufwertungsgesetzen und nach allgemeinem bürgerlichem Rechte. Kommentar zu den Gesetzen vom 16. Juli 1925 über die Aufwertung von Hypotheken und anderen Ansprüchen und über die Ablösung öffentlicher Anleihen sowie systematische Darstellung des Aufwertungsrechts außerhalb dieser Gesetze. Zweite, gänzlich umgearbeitete Auflage des Kommentars zur Dritten Steuernotverordnung vom 14. Februar 1924 (Aufwertung). Mit einer Fristentabelle von H. Hoormann. Groß-Oktav. X, 516 Seiten. 1926. Mit Nachtrag 1927. (de Gruytersche Sammlung Deutscher Gesetze. Handkommentare.) . . . . Geb. RM. 14.40

Michaelis, Richard, Die beiden **Aufwertungsnovellen** vom 18. Juli 1930. (Hypotheken-Fälligkeits- und Verzinsungsgesetz; Grundbuchbereinigungsgesetz.) Taschenformat. VI, 202 Seiten. 1930. (Guttentagsche Sammlung Deutscher Reichsgesetze Bd. 178.) . . . . Geb. RM. 3.60

Berliner, Ludwig, und **Pfaffenberger,** Ernst, **Aufwertung von Versicherungsansprüchen** mit Durchführungsbestimmungen.
I. Teil. Oktav. 235 Seiten. 1925. (Guttentagsche Sammlung Deutscher Reichsgesetze Bd. 164.) . . . . Geb. RM. 5.85
II. Teil: Sach- und Transportversicherung; Unfall- und Haftpflichtversicherung. Oktav. 112 Seiten. 1926. Mit Nachtrag. (Guttentagsche Sammlung Deutscher Reichsgesetze Bd. 164a.) . . . Geb. RM. 3.15

2. Handelsrecht.

v. Gierke, Jul., **Handelsrecht und Schiffahrtsrecht.** Vierte, vollständig neubearbeitete Auflage. XV, 865 Seiten. 1933. (Lehrbücher und Grundrisse der Rechtswissenschaft, Band VI.) . . . Geb. RM. 20.—

„Wer das Buch kennt, wird sich über diesen durchschlagenden Erfolg kaum wundern. Es verdient durchaus die führende Stellung, die es sich unter den Kurzlehrbüchern des Handelsrechts erworben hat. Das pädagogische Geschick, die meisterhafte Konzentrierung des gewaltigen Stoffes auf das praktisch Wesentliche ohne darunter die wissenschaftliche Gründlichkeit leiden zu lassen, die klare methodische Behandlung von Streitfragen — alles das ist schon an früheren Auflagen gerühmt worden und gilt in gleicher Weise für die jetzige vierte Auflage.

Die vierte Auflage hat aber gleichwohl ihre besondere Note erhalten. Der Verfasser weist selbst in seinem Vorwort darauf hin, wie erstaunlich viel sich in Deutschland in der kurzen Spanne seit der dritten Auflage auf dem Gebiet des Handels und Wirtschaftsrechts geändert und verschoben hat. Alles das einzufangen und wissenschaftlich zu verarbeiten, bedeutete gewiß keine leichte Aufgabe, zumal es im Hinblick auf die umfangreiche Notgesetzgebung zu erkennen galt, was dauernden und was ephemeren Charakter hat. Gerade in letzterer Hinsicht scheint mir v. Gierke im allgemeinen das Richtige getroffen zu haben.“

Eine völlige Neubearbeitung ist dem Aktienrecht zuteil geworden.“
Jurist. Wochenschrift Nr. 15/16 v. 15./22. IV. 1933.

Lehmann, K., und **Hoeniger,** H., **Lehrbuch des Handelsrechts.** Dritte Auflage. Erster Halbband, enthaltend die Lehre vom Handelsstand und von den Handelsgesellschaften. Groß-Oktav. 432 Seiten. 1921 RM. 10.—

Ein großangelegtes Lehrbuch des Handels- und Schiffahrtsrechts.

Lehmann, K., und Hoeniger, H., Deutsches Handelsrecht.
I. Einleitung. Der Kaufmann und seine Hilfspersonen. Offene Handelsgesellschaft, Kommandit- und stille Gesellschaft. 117 Seiten. 1921. (Sammlung Göschen Bd. 457.) . . . . Geb. RM. 1.62
II. Aktiengesellschaften, Gesellschaften mit beschränkter Haftung, eingetragene Genossenschaften. Handelsgeschäft, 126 Seiten. 1924. (Sammlung Göschen Bd. 458.) . . . . Geb. RM. 1.62

Hein, Joh., Die Zusammenhänge zwischen Steuerrecht und Handelsrecht und ihre Entwicklung, untersucht an dem Gewinn und an der Bewertung. Eine bilanzrechtliche und bilanzkritische Darstellung mit praktischen Beispielen. Groß-Oktav. X, 280 Seiten. 1928.
RM. 10.—, geb. RM. 12.—

Die Vierte Notverordnung. (Vierte Notverordnung des Reichspräsidenten **zur Sicherung von Wirtschaft und Finanzen und zum Schutze des inneren Friedens. Vom 8. XII. 1931.)** Erläuterte **Textausgabe** mit Durchführungsverordnungen. Taschenformat. XVI, 364 Seiten. 1932. Mit Nachträgen enthaltend die Änderungen bis April 1932. (Guttentagsche Sammlung Dtsch. Reichsgesetze, Bd. 180.). . . Geb. RM. 5.40

Staubs Kommentar zum Handelsgesetzbuch. Vierzehnte Auflage. Bearbeitet von Albert Pinner, Felix Bondi, Wilhelm Gadow, Eduard Heinichen. Vier Bände. Lexikon-Oktav. 1932/33.
In Halbleder RM. 140.—

„Alles in allem genommen haben die Bearbeiter der Neuauflage es verstanden, das berühmte Werk auf der ragenden Höhe zu halten, auf die es sein genialer Erstherausgeber gestellt hat. In schwierigen Zweifelsfragen wird der Praktiker niemals ohne Erfolg nach seinem 'Staub' greifen.“ Deutsche Richterzeitung Nr. 2, 1933.

v. Gierke, Jul., Handelsgesetzbuch nebst Wechselordnung und Scheckgesetz. Mit systematischen Paragraphenüberschriften und ausführlichem Sachregister. Oktav. VIII, 295 Seiten. 1931. (Lehrausgaben Deutscher Gesetze, Bd. IV.) . . . . Geb. RM. 5.—

Mosse, Albert, und **Heymann,** Ernst, **Handelsgesetzbuch** (ohne Seerecht). Mit den ergänzenden Vorschriften des Bürgerlichen Gesetzbuchs und einem Anhang, enthaltend das Einführungsgesetz, das Depotgesetz, die Bestimmungen über Börsentermin- und Differenzgeschäfte u. a. Nebst Erläuterungen. Im Anschluß an die Textausgabe von F. Litthauer. Achtzehnte Auflage. (Guttentagsche Sammlung Deutscher Reichsgesetze Bd. 4.). . . . . Im Druck

Handelsgesetzbuch nebst Einführungsgesetz vom 10. Mai 1897, unter Berücksichtigung der bis 15. Juni 1930 ergangenen Novellen. Textausgabe mit Sachregister. Zwölfte Auflage. 370 Seiten. 1930. (Guttentagsche Sammlung von Textausgaben ohne Anmerkungen mit Sachregister.) . . . . Geb. RM. 3.15
Diese Ausgabe wurde durch einen Nachtrag ergänzt.

Baum, G., Das vertragliche Wettbewerbsverbot (Konkurrenzklausel). Nebst Kommentar zum Gesetze vom 10. Juni 1914. Taschenformat. XII, 231 Seiten. 1914. (Guttentagsche Sammlung Deutscher Reichsgesetze Bd. 115.) . . . . Geb. RM. 2.70

Gesellschaften

Zahn, Johannes, C. D., **Wirtschaftsführertum und Vertragsethik im neuen Aktienrecht.** Anregungen zum Neubau des deutschen Aktienrechts auf Grund einer vergleichenden Darstellung des deutschen und nordamerikanischen Aktienrechts. Oktav. II, 227 Seiten. 1934.
RM. 10.—

Der Verfasser macht als einer der ersten den Versuch, sich auf dem Boden des neuen Staates mit dem Problem der Aktienrechts-

reform und der Schaffung einer deutschen Unternehmungsform vom rechtspolitischen und weltanschaulichen Standpunkt auseinanderzusetzen. Er gibt keine endgültig formulierten Vorschläge für eine Gesetzesänderung, sondern bietet juristisches und wirtschaftspolitisches Material für die Erörterung. Ausgangspunkt ist ein Vergleich des geltenden deutschen mit dem nordamerikanischen Aktienrecht, das sich im Rahmen des in seinen Grundlagen germanischen anglosächsischen Rechts entwickelt hat und daher für unsere Rechtserneuerung besonders wertvoll ist. Über das engere Thema hinaus bieten die wirtschaftspolitischen Gedanken des Buches einen wesentlichen Beitrag zum Ausbau der nationalsozialistischen Wirtschaftsauffassung soweit die Einzelunternehmung in ihrem Verhältnis zum Staat, zum Mitunternehmer und zum Abnehmer sowie das Verhältnis der am Unternehmen als Leiter, Arbeiter oder Geldgeber beteiligten Personen in Frage kommt. Die Ausführungen verdienen besonderes Gewicht, weil der Verfasser an einer Enquête des Ausschusses für Aktienrecht in der Akademie für deutsches Recht teilnimmt.

Brodmann, Erich, **Aktienrecht.** Kommentar. Groß-Oktav. XII, 580 Seiten. 1928. (Gewerbe- und Industrie-Kommentar Bd. IV.)
RM. 28.—, geb. RM. 30.—

„Mit unvergleichlichem Geschick hat der Verfasser Großartiges geleistet — Brodmann ist Trumpf!"
Zeitschrift für Aktiengesellschaften Nr. 9/10, 1928.

Brodmann, Erich, **Die Sanierung unseres Aktienwesens.** Groß-Oktav. 46 Seiten. 1931 . . . . RM. 3.—

Pinner, Albert, **Aktiennovelle und Bankenaufsicht.** Verordnung vom 19. 9. 1931. Textausgabe mit Einführung in die Aktiennovelle. Taschenformat. 101 Seiten. 1931. (Guttentagsche Sammlung Deutscher Reichsgesetze Bd. 179.) . . . . Geb. RM. 1.60

Hachenburg, Max, **Kommentar zum Gesetz, betr. die Gesellschaften mit beschränkter Haftung.** (Früher **Staub-Hachenburg.**) Fünfte Auflage unter Mitarbeit von Fritz Bing und Walter Schmidt. 2 Bände . . . . RM. 43.—, geb. RM. 47.—
I. Band: §§ 1—34. Groß-Oktav. VI, 527 Seiten. 1926.
II. Band: §§ 35—84. Groß-Oktav. II, 452 Seiten. 1927.

Brodmann, Erich, **Gesetz, betr. die Gesellschaften mit beschränkter Haftung.** Kommentar. Zweite Auflage. Groß-Oktav. VIII, 304 Seiten. 1930. (Gewerbe- und Industrie-Kommentar Bd. I.)
RM. 16.—, geb. RM. 18.—

„Die Ausführungen sind, wie man es bei diesem Autor gewohnt ist, tief durchdacht und lassen bei Bekämpfung gegenteiliger Ansichten erkennen, daß das Für und Wider an der Hand voll ausgeschöpfter Rechtsprechung und Literatur überall zu seinem Recht kommt." *Leipziger Ztsch. f. dtsch. Recht v. 1. VI. 1931.*

Parisius, Ludolf, und **Crüger,** Hans, **Das Reichsgesetz, betr. die Gesellschaften mit beschränkter Haftung.** Textausgabe mit Anmerkungen und Sachregister. Achtzehnte Auflage, bearbeitet von Adolf Crecelius und Fritz Citron. Taschenformat. 244 Seiten. 1929. (Guttentagsche Sammlung Deutscher Reichsgesetze Bd. 32.)
Geb. RM. 3.15

„Wer kennt nicht die altbewährte Ausgabe des GmbH.-Gesetzes von Parisius-Crüger, die in immer verbesserter und erweiterter Auflage der Juristen- und Geschäftswelt nützt? Nicht wenige ziehen diese Ausgabe einer größeren Kommentierung dieses Gesetzes vor, wenn der tägliche Gebrauch in Frage steht. Und das mit Recht."
Ztsch. f. Aktiengesellschaft Nr. 3, März 1929.

Starke, Arthur, **Offene Handelsgesellschaften, Kommanditgesellschaften und stille Gesellschaften von der Errichtung bis zur Auflösung.** Nebst

Vertrags- und Anmeldeformularen und mit Berücksichtigung des Steuerrechts. Oktav. XIV, 167 Seiten. 1928 . . . . RM. 5.—
Eine systematische Darstellung für Studium und Praxis.

Wechselordnung und Scheckrecht

Staubs Kommentar zum Wechselgesetz in der ab 1. April 1934 geltenden Fassung. Fortgesetzt von J. Stranz und M. Stranz. Dreizehnte, vollkommen neu bearbeitete Auflage des Kommentars zur WO., bearbeitet von M. Stranz und Martin Stranz. Groß-Oktav. 1934 . . . . Geb. RM. 24.—

Der Kommentar berücksichtigt nicht nur das Schrifttum und die deutsche und österreichische Rechtsprechung zur Wechselordnung bis in die neueste Zeit, es sind auch die in Deutschland und Österreich verstreut erschienenen zahlreichen Äußerungen zum neuen Wechselrecht herangezogen worden.

Selbstverständlich sind die umfangreichen Materialien, besonders die Haager und Genfer Verhandlungsprotokolle und die Denkschriften der deutschen und österreichischen Regierung vollständig verarbeitet.

Da gleichzeitig der gesamte bisherige Inhalt kritisch überprüft wurde, um das Werk von jetzt entbehrlichem oder überholtem Rechtsstoff zu entlasten, und da zu den durch das neue Gesetz auftauchenden vielfachen Zweifelsfragen überall Stellung genommen ist, wird der Staub-Stranzsche Kommentar auch künftig für die Rechtsanwendung unentbehrlich sein.

Stranz, J., und Stranz, M., Wechselordnung in der Fassung der Bekanntmachung vom 3. Juni 1908. Kommentar. Dreizehnte, der Neubearbeitung sechste Auflage. Taschenformat. 419 Seiten. 1930. (Guttentagsche Sammlung Deutscher Reichsgesetze Bd. 5.)
Geb. RM. 6.30

Wechselordnung in neuester Fassung. Taschenformat. 1933. (Guttentagsche Sammlung von Textausgaben ohne Anmerkungen.) Im Druck.

Michaelis, Richard, **Wechselrecht.** Kommentar auf der Grundlage der Deutschen Wechselordnung unter vergleichsweiser Heranziehung der hauptsächlichsten ausländischen Wechselgesetze und des künftigen einheitlichen Wechselrechts. Groß-Oktav. VIII, 553 und 29* Seiten. 1932, und Nachtrag 1933 enthaltend den Text des neuen Wechselgesetzes vom 21. Juni 1933 mit Verweisungen zu jedem Artikel auf die dazugehörigen Erläuterungen im Hauptband. (Gewerbe- und Industrie-Kommentar Bd. VI.) . . . . Geb. RM. 24.—

Michaelis, Richard, **Scheckgesetz** mit allen einschlägigen Nebengesetzen, den ausländischen Gesetzen und dem Deutschen Postscheckgesetz mit Postscheckordnung. Kommentar. Groß-Oktav. VII, 339 Seiten. 1927. (Gewerbe- und Industrie-Kommentar Bd. II.) RM. 16.—, geb. RM. 18.—

„Zusammenfassend muß man das Werk von Michaelis als eine sehr erfreuliche Bereicherung der Schecklehre bezeichnen, als eine Arbeit, die sich würdig in die großen Kommentare der Reichsgerichtsräte einreiht." Juristische Wochenschrift Nr. 10/11, 1927.

Schiffahrtsrecht

Schaps, Georg, **Das deutsche Seerecht.** Kommentar zum vierten Buche des Handelsgesetzbuches (als Ergänzung zu Staub's Kommentar) nebst Erläuterungen zu den seerechtlichen Nebengesetzen. Zweite, vollständig umgearbeitete Auflage herausgegeben von Max Mittelstein † und Julius Sebba.

I. Band. (Handelsgesetzbuch: Viertes Buch.) Groß-Oktav. VIII, 1041 Seiten. 1921 . . . . RM. 25.—, geb. RM. 28.—

II. Band. (Seerechtliche Nebengesetze mit Nachtrag zur Ergänzung des I. Bandes nach dem Stand von 1929.) Bearbeitet von J. Sebba. XVI, 1108 Seiten. 1929 . . . . RM. 52.—, geb. RM. 55.—

„Mit dem vorliegenden Band ist somit „Schaps' Seerecht" auf den neuesten Stand der Gesetzgebung und Rechtsprechung gebracht. Sebba hat es meisterhaft verstanden, den umfangreichen Stoff übersichtlich zu formen und ihn in allen seinen Einzelheiten zu zergliedern. Jeder Interessent, der nach den einschlägigen Gesetzen, Verordnungen, Bekanntmachungen usw. Umschau halten muß, wird seine Freude darüber haben, einen solchen Schatz seerechtlichen Wissens zu besitzen." Verkehrsrechtliche Rundschau Nr. 11, 1929.

Brandis, Otto, **Das deutsche Seerecht** (mit Ausschluß des Seeversicherungsrechts.) I. Allgem. Lehren: Personen und Sachen des Seerechts. 130 Seiten. 1908. II. Die einzelnen seerechtlichen Schuldverhältnisse: Verträge des Seerechts und außervertragliche Haftung. 156 Seiten. 1908. (Sammlung Göschen Bd. 386/87.) . . . . . Geb. je RM. 1.62

Sebba, I., **Das öffentliche Seerecht.** Taschenformat. XVII, 597 Seiten. 1932. (Guttentagsche Sammlung Deutscher Reichsgesetze Bd. 19.) Geb. RM. 11.70

Sieveking, Gustav, **Das deutsche Seeversicherungsrecht.** Kommentar zum zehnten Abschnitt des vierten Buches des Handelsgesetzbuches. Lexikon-Oktav. 218 Seiten. 1912 . . . . . . RM. 5.—, geb. RM. 6.80

Allgemeine Deutsche Seeversicherungs-Bedingungen. Im Jahre 1919 herausgegeben von den deutschen Seeversicherern nach Beratung mit deutschen Handelskammern und Fachverbänden unter Vorsitz der Handelskammer Hamburg. 16.—20. Tausend. 50 Seiten. 1925 . RM. 2.—

General Rules of Marine. Insurance 1919 adopted by the German Underwriters. Authorised Translation by Dr. Alfred Sieveking, larger in Hamburg. 64 Seiten. 1920 . . . . RM. 3.—

Materialien zu den Allgemeinen Deutschen Seeversicherungs-Bedingungen. Im Auftrag der vereinigten Handelskammern herausgegeben von Prof. Dr. E. Bruck. Groß-Oktav. 2 Bände. 678 Seiten. 1920 . . RM. 10.—

v. Liebig, Eugen, **Die Transportversicherung.** Teil I: Die Seeversicherung. Systematische Darstellung des Seeversicherungswesens. Groß-Oktav. VIII, 226 Seiten. 1914 . . . . RM. 5.—

Bene, F., **Der Begriff des Versicherungsfalles in der Seeversicherung.** (Hamburger Rechtsstudien, herausgegeben von Mitgliedern der Rechts- und Staatswissenschaftlichen Fakultät der Hamburgischen Universität, Heft 1.) Groß-Oktav. 75 Seiten. 1928 . . . . RM. 4.50

Elkan, H. H., **Die Bedeutung des Interesses für die Veräußerung der versicherten Sache.** (Hamburger Rechtsstudien, herausgegeben von Mitgliedern der Rechts- und Staatswissenschaftlichen Fakultät der Hamburgischen Universität, Heft 2.) Oktav. 58 Seiten. 1928 . . RM. 4.—

Makower, H., **Gesetze, betreffend die privatrechtlichen Verhältnisse der Binnenschiffahrt und der Flößerei.** Nach den Materialien erläutert. Sechste, vermehrte Auflage, bearbeitet von E. Loewe. Taschenformat. 458 Seiten. 1923. (Guttentagsche Sammlung Deutscher Reichsgesetze Bd. 36.) . . . . Geb. RM. 3.60

Sebba, Jul., **Seewasserstraßenordnung.** (Polizeiverordnung zur Regelung des Verkehrs auf den deutschen Seewasserstraßen vom 31. März 1927.) Mit Nachtrag, enthaltend die Änderungen vom 31. März 1928 und vom 20. März 1930. Taschenformat. 493 Seiten. 1928. (Guttentagsche Sammlung Deutscher Reichsgesetze Nr. 171.) . . Geb. RM. 7.65

Die vorliegende Ausgabe ist für die an dem Gesetz interessierten beiden Fachgruppen, die der Nautiker und der Juristen, von gleich großer Bedeutung. Diese Verbindung zweier Kenntnisgebiete gibt dem vorliegenden Kommentar seine besondere Note und seinen großen Wert.

Genossenschaften

Parisius, Ludolf, **Crüger,** Hans, **Crecelius,** Adolf, und **Citron,** Fritz, **Das Reichsgesetz, betreffend die Erwerbs- und Wirtschaftsgenossenschaften.** Kommentar zum praktischen Gebrauch für Juristen, Genossenschaften und ihre Mitglieder. Zwölfte, neubearbeitete Auflage. Groß-Oktav. XVI, 605 Seiten. 1932 . . RM. 25.20, geb. RM. 27.—

Der große Parisius-Crüger ist nach wie vor das unentbehrliche Nachschlagewerk für jeden auf dem Gebiete des Genossenschaftsrechtes tätigen Juristen und praktischen Genossenschaftsleiters.

Parisius, Ludolf, und **Crüger,** Hans, **Crecelius,** Adolf, **Das Reichsgesetz, betreffend die Erwerbs- und Wirtschaftsgenossenschaften.** Textausgabe mit Anmerkungen und Sachregister. Einundzwanzigste, neubearbeitete und erweiterte Auflage (93.—98. Tausend) von Oberverwaltungsgerichtsrat Fritz Citron. Taschenformat. 299 Seiten. 1933. (Guttentagsche Sammlung Deutscher Reichsgesetze Bd. 29.) . . Geb. RM. 3.60

Die Handausgabe für den täglichen Gebrauch. Auch für die kleinste Genossenschaft unentbehrlich.

Verschiedenes

Schreiber, Otto, **Handelsrechtliche Nebengesetze.** Taschenformat. VIII, 1002 Seiten. 1926. (Guttentagsche Sammlung Deutscher Reichsgesetze Bd. 162.) . . . . Geb. RM. 12.60

„Die Sammlung ist ein unentbehrliches Hilfsmittel für den Praktiker. Die Zusammenstellung ist sehr zuverlässig; auch das Sachregister von Kleffel verdient volle Anerkennung.“

Zentralblatt für Handelsrecht Nr. 5, Mai 1926

Staffel, W., **Verordnung gegen Mißbrauch wirtschaftlicher Machtstellungen** vom 2. November 1923. Kommentar. Oktav. 108 Seiten. 1927. (Guttentagsche Sammlung Deutscher Reichsgesetze Bd. 167.) . Geb. RM. 3.15

Lusensky, F., **Gesetz über die Handelskammern.** Taschenformat. (Guttentagsche Sammlung Preußischer Gesetze Bd. 21.)

Neue Auflage in Vorbereitung.

Behlert, Heinz, **Der Konnossement-Teilschein.** Groß-Oktav. 79 Seiten. 1930.
(Hamburger Rechtsstudien, Heft 5.) RM. 5.—

Die Schrift löst die Frage, ob ein Konnossement-Teilschein dem Konnossement gleichzusetzen ist, unter Zugrundelegung der Hamburger Verhältnisse und unter Berücksichtigung der Rechtsprechung, der Lehre und des ausländischen Rechtes.

Lion, Robert, **Reine Konnossemente gegen Revers.** Groß-Oktav. 78 Seiten. 1930.
(Hamburger Rechtsstudien, Heft 7.) RM. 5.—

Die Abhandlung beginnt mit einer ausführlichen Darstellung der Entwicklung, Anwendung und Funktion des Konnossementsreverses. Es folgt eine Untersuchung der rechtlichen Probleme, die sich bemüht, die wirtschaftlichen Interessen aller Beteiligten gegeneinander abzuwägen; eine eingehende Übersicht über die Rechtsprechung ist mit ihr verbunden. Den Abschluß bildet eine Darstellung und Würdigung der zahlreichen Reformvorschläge. Wirtschaft und Recht des Auslandes sind in weitestgehendem Umfange berücksichtigt.

Koch, R., und **Schacht,** Hjalmar, **Die Reichsgesetzgebung über das Münz- und Notenbankwesen.** Textausgabe mit Anmerkungen und Sachregister. Siebente, völlig neubearbeitete Auflage. Taschenformat. XVIII, 617 Seiten. 1925. (Guttentagsche Sammlung Deutscher Reichsgesetze Bd. 26.) . . . . Geb. RM. 12.60
Hierzu erschien im August 1932 ein Ergänzungsband. Umfang 144 Seiten. RM. 3.—. (Guttentagsche Sammlung Deutscher Reichsgesetze **Nr. 26a.)**

Das Devisennotrecht in Rechtspflege und Wirtschaft. Herausgegeben von der Verwaltungs-Akademie Berlin. Groß-Oktav. 87 Seiten. 1933. RM. 2.—
Inhalt: Die Einwirkung des Devisennotrechts auf Zivilprozeß und Zwangsvollstreckung. — Die Einwirkung des Devisennotrechts auf das Grundbuch- und Notariatsrecht. — Die Auswirkungen der Praxis der Devisenbewirtschaftungsstellen in Fragen des Devisennotrechts auf die Wirtschaft.

Schultze, Fritz, **Devisennotrecht.** Textausgabe mit Einleitung, Verweisungen und Sachregister sowie Literaturverzeichnis und systematischer Übersicht über die einschlägige Rechtsprechung. Taschenformat. XXX, 181 Seiten. 1932. (Guttentagsche Sammlung Deutscher Reichsgesetze Nr. 182.) . . . . Geb. RM. 5.40

Göppert-Seydel, Hypothekenbankgesetz vom 13. Juli 1899 (mit den Änderungen durch die Gesetze vom 14. Juli 1923, vom 26. Januar 1926 und 21. Dezember 1927). Textausgabe mit Einleitung, Anmerkungen und Sachregister. Dritte Auflage bearbeitet von Dr. **Martin Friedlaender.** Taschenformat. VIII, 202 Seiten. 1929. (Guttentagsche Sammlung Deutscher Reichsgesetze Nr. 51.) . . . . . . Geb. RM. 4.50
„. . . In seiner neuen Gestalt ist der Kommentar eine vollständige, bis ins einzelne gehende, auf den neuesten Stand geführte Bearbeitung und Erläuterung des Gesetzes, die über alle einschlägigen Fragen erschöpfende Auskunft gibt."
Berliner Tageblatt v. 8. XII. 1929.

Nußbaum, Arthur, **Bank- und Börsenrecht.** Eine Sammlung von Gesetzen und Geschäftsbedingungen. Taschenformat. XII, 622 Seiten. 1927. (Guttentagsche Sammlung Deutscher Reichsgesetze Bd. 169) Geb. RM. 9.90

Kommentar zum Börsengesetz. Im Auftrage des Centralverbandes des Deutschen Bank- und Bankiergewerbes (E. V.) bearbeitet von H. Rehm, H. Trumpler, Heinrich Dove, Ernst Neukamp, R. Schmidt-Ernsthausen, James Breit. Mit einem Vorwort von J. Rießer. Lexikon-Oktav. VIII, 464 Seiten. 1909.
RM. 12.—, geb. RM. 13.50

Hemptenmacher, Th., **Börsengesetz.** Dritte Auflage von O. Meyer. Taschenformat. XXIII, 373 Seiten. 1915. (Guttentagsche Sammlung Deutscher Reichsgesetze Bd. 41.) . . . . Geb. RM. 3.15

Lusensky, F., **Gesetz, betreffend die Pflichten der Kaufleute bei Aufbewahrung fremder Wertpapiere (Depotgesetz).** Neue Auflage in Bearbeitung. (Guttentagsche Sammlung Deutscher Reichsgesetze Bd. 40.)

Frohner, G., **Aktiensonderdepot und Legitimationsübertragung.** (Hamburger Rechtsstudien, herausgegeben von Mitgliedern der Rechts- und Staatswissenschaftlichen Fakultät der Hamburgischen Universität, Heft 3.) Groß-Oktav. VII, 114 Seiten. 1929 . . . . RM. 7.—

Schwerin, Frh. Cl. von, **Recht der Wertpapiere** (einschließlich Wechsel- und Scheckverkehr). Oktav. X, 234 Seiten. 1924. (Lehrbücher und Grundrisse der Rechtswissenschaft Bd. 7.) RM. 6.30, geb. RM. 7.65

„Das Buch löst seine Aufgabe, den Studierenden eine Einführung in die Materie des Wertpapierrechts zu geben, ausgezeichnet, vor allem deshalb, weil es eine gute theoretische Fundierung mit einer dem Lehrzweck entsprechenden Darstellung des praktischen Rechts und der Rechtstatsachen verbindet."

Deutsche Juristenzeitung Nr. 4, 1925.

Verhandlungen des VII. allgemeinen deutschen Bankiertages. Köln 9.—11. September 1928 auf Grund stenographischer Berichte. Groß-Oktav. 436 Seiten. 1928 . . . . RM. 10.—

III. Grenzgebiete des Bürgerlichen Rechts

1. Privat- und Sozialversicherung

Koenige, Heinrich, und **Petersen, A., Gesetz über die privaten Versicherungsunternehmungen** vom 12. Mai 1901. Textausgabe mit Anmerkungen und Sachregister. Dritte, umgearbeitete Auflage. Taschenformat. 856 Seiten. 1927. (Guttentagsche Sammlung Deutscher Reichsgesetze Bd. 62.) . . . . Geb. RM. 18.—

Ein für Theorie und Praxis der Privatversicherung unentbehrliches Hilfsmittel.

Ergänzt durch:

Koenige, Heinrich, **Petersen,** A. und **Wirth,** K., **Gesetz über die Beaufsichtigung der privaten Versicherungsunternehmungen und Bausparkassen** vom 6. Juni 1931. Textausgabe, enthaltend den vollständigen, geltenden Gesetzestext sowie Erläuterungen zu den neuen, auf dem Gesetz vom 30. März 1931 beruhenden Vorschriften. Nachtrag zu Koenige-Petersen, Private Versicherungsunternehmungen, dritte Auflage (Bd. 62 der Sammlung). Taschenformat. 238 Seiten. 1931. (Guttentagsche Sammlung Deutscher Reichsgesetze Bd. 62a.) . . . . Geb. RM. 5.40

Die vorliegende Ausgabe enthält den vollständigen Gesetzestext, nicht nur die geänderten und zugefügten Paragraphen. Sie erläutert jedoch nur die in der Neuschöpfung des Gesetzes geänderten Bestimmungen, während hinsichtlich der unverändert gebliebenen gesetzlichen Vorschriften auf den Kommentar von Koenige-Petersen verwiesen wird.

Bruck, E., **Reichsgesetz über den Versicherungsvertrag** nebst dem zugehörigen Einführungsgesetz vom 30. Mai 1908. Siebente, neubearbeitete Auflage. Taschenformat. 576 Seiten. 1932. (Guttentagsche Sammlung Deutscher Reichsgesetze Bd. 83.) Geb. RM. 12.60

„Der vormals Hager-Brucksche Kommentar ist seit langem der führende Kommentar und wird sich in der Neufassung weiter steigender Beliebtheit erfreuen."

Deutsche Richterzeitung Nr. 11, v. 15. XI. 1930.

Moldenhauer, Paul, **Das Versicherungswesen.**

I. Allgemeine Versicherungslehre. Vierte Auflage. 152 Seiten. 1925. (Sammlung Göschen Bd. 262.) . . . . Geb. RM. 1.62

II. Die einzelnen Versicherungszweige. Zweite Auflage. 130 Seiten. 1923. (Sammlung Göschen Bd. 636.) . . . . Geb. RM. 1.62

„Das Buch ist für jeden, der sich mit dem Versicherungswesen und seinen Zweigen vertraut machen will, ein trefflicher Führer."

Versicherungspost.

Die Entwicklung des privaten Versicherungswesens in dem Jahrfünft 1902—1906. Groß-Oktav. 53 Seiten. Mit 3 Tafeln. 1909. RM. 2.—

— in dem Jahrfünft 1907—1911. Groß-Oktav. 61 Seiten. 1912. RM. 2.50

Veröffentlichungen des Reichs-Aufsichtsamts für Privatversicherung. Groß-Oktav. 30. Jahrgang. 1931. 1932 . . . . RM. 25.50
31. Jahrgang. 1932. Nr. 1 bis 4. 1932 . . . . RM. 25.25
32. Jahrgang. 1933. 1. Heft. 1933 . . . . RM. 2.75
2. Heft. 1933 . . . . RM. 4.50
3. Heft. 1933 . . . . RM. 12.—

Gesamtregister zu den Veröffentlichungen des Reichs-Aufsichtsamts für Privatversicherung. 1912—26. 184 Seiten. 1928 . . . . RM. 14.—

Versicherungsstatistik für 1902 über die unter Reichsaufsicht stehenden Unternehmungen. Herausgegeben vom Reichsaufsichtsamt für Privatversicherung. Lexikon-Oktav. LXXVII, 384 Seiten. 1905. RM. 10.—
— für 1902 bis 1917 . . . . Je Jahrgang RM. 10.—
— für 1928 bis 1929. 1930 . . . . RM. 24.—
— für 1930. 1931 . . . . RM. 13.—
— für 1932. 1933 . . . . RM. 16.—

v. Liebig, Eugen, **Das deutsche Feuerversicherungswesen.** Groß-Oktav. 211 Seiten. 1911 . . . . RM. 5.—

Weygand, J., **Die Grundzüge der Kundenversicherung.** (Generalversicherung der Speditions- und Lagergüter.) Mit einer Einleitung über das Interesse als Element der Sachversicherung. Groß-Oktav. 162 Seiten. 1914 . . . . RM. 4.—

Das interessante Werk bietet namentlich für Juristen wertvolle Hinweise zur Rechtsbehandlung der Kundenversicherungsfrage.
Archiv für Gewerbepolitik und Volkswirtschaft.

Berliner, Ludwig, und **Pfaffenberger,** Ernst, **Aufwertung von Versicherungsansprüchen** mit Durchführungsbestimmungen.
I. Teil. Oktav. 235 Seiten. 1926. Mit Nachtrag. (Guttentagsche Sammlung Deutscher Reichsgesetze Bd. 164.) . . . . Geb. RM. 5.85
II. Teil: Sach- und Transportversicherung; Unfall- und Haftpflichtversicherung. Oktav. 112 Seiten. 1926. (Guttentagsche Sammlung Deutscher Reichsgesetze Bd. 164a.) . . . . Geb. RM. 3.15

Haymann, Franz, **Leistung und Gegenleistung im Versicherungsvertrag.** Eine Grundfrage des Privatversicherungsrechts. Oktav. 104 Seiten. 1932 . . . . RM. 6.—

Aus dem Inhalt: Leistung und Gegenleistung. Die Leistung des Versicherers. Die Anwendung der Regeln über den gegenseitigen Vertrag auf das Versicherungsgeschäft. Der Einfluß des Rücktritts und der Anfechtung auf die Prämienleistung. Leistung und Gegenleistung der Parteien im Konkurs- und Vergleichsverfahren zur Abwendung des Konkurses.

Tsirintanis, Alexander, **Die Order-Polize.** Groß-Oktav. 95 Seiten. 1930. (Hamburger Rechtsstudien, Heft 6.) RM. 6.—

Lippmann, Karl, **Die Reichsversicherungsordnung** nebst dem Einführungsgesetze, den wichtigsten Ausführungsvorschriften, den ergänzenden Gesetzen und Verordnungen sowie den Verordnungen über das Verfahren. **Nach dem Stande vom 8. Dezember 1931.** Textausgabe mit Anmerkungen, Einleitung (Übersicht über den Inhalt der Reichsversicherungsordnung) und Sachregister. Taschenformat. XVI, 767 Seiten. 1932. (Guttentagsche Sammlung Deutscher Reichsgesetze, Bd. 161.) . . . . Geb. RM. 16.20
Die Ausgabe wird durch Nachträge auf dem laufenden gehalten.

„Einer ziemlich eingehenden Übersicht über den Inhalt der Reichsversicherungsordnung folgt der Text in der jetzt gültigen Fassung.

Ein gründlich bearbeitetes Sachregister erleichtert die Brauchbarkeit des Buches in der täglichen Praxis. Gleich ihrer Vorgängerin kann auch diese Auflage nur wärmstens empfohlen werden.“

Deutsche Invaliden-Versicherung Nr. 3, 1932.

Reuß, Max, und **Hense,** Fritz. **Das Reichsknappschaftsgesetz** vom 1. Juli 1926 nebst Einführungsgesetz. 2. Aufl. Taschenformat. XVI, 640 Seiten. 1926. (Guttentagsche Sammlung Deutscher Reichsgesetze Bd. 155.) Mit Nachtrag 1931. . . . . Geb. RM. 10.80

Embden, Helmuth, **Versicherung für Rechnung wen es angeht.** Groß-Oktav. VIII, 39 Seiten. 1930 . . . . RM. 3.— (Hamburger Rechtsstudien, Heft 8.)

Angestelltenversicherungsgesetz vom 28. Mai 1924. **Zweite Auflage.** Taschenformat. 143 Seiten. 1927. Mit Nachtrag. (Guttentagsche Sammlung Deutscher Reichsgesetze. Textausgaben ohne Anmerkungen.) Geb. RM. 2.25

Manes, Alfred, **Sozialversicherung.** 7., ergänzte Aufl. 1928. Kl.-Oktav. 139 Seiten. (Sammlung Göschen Bd. 267.) . . . . Geb. RM. 1.62

„Es gibt keine andere Darstellung der geltenden Sozialversicherung, die in solch erfreulicher Kürze und Sachlichkeit durch die annähernd 2100 Paragraphen führt.“

Hanseatische Rechts- und Gerichts-Zeitschrift.

Schmeißer, Herbert, **Das Gesetz über Arbeitsvermittlung und Arbeitslosenversicherung** in der Fassung der Notverordnung vom 1. Dezember 1930. 2 Bände. Taschenformat. Band I: XVI, 639 Seiten. 1931. Geb. RM. 13.50
Band II. 792 Seiten. 1932. Geb. RM. 20.—. (Guttentagsche Sammlung Deutscher Reichsgesetze Bd. 165/165a.)

2. Arbeitsrecht

Kalckbrenner, Otto, **Gesetz zur Ordnung der nationalen Arbeit vom 20. Januar 1934.** Textausgabe mit Einleitung und ausführlichem Sachregister. Taschenformat. 59 Seiten. 1934. (Guttentagsche Sammlung von Textausgaben ohne Anmerkungen mit Sachregister.) RM. 0.50

Die Ausgabe erscheint in der bekannten Ausstattung der Guttentagschen Sammlung. Sie enthält die absolut zuverlässige Wiedergabe des amtlichen Gesetzestextes mit einer in das neue Recht einführenden sachkundigen Einleitung und einem ausführlichen, sorgfältigen Sachregister.

Kalckbrenner, Otto, **Gesetz über die Heimarbeit vom 23. März 1934.** Textausgabe mit Einleitung, Durchführungsverordnung und Sachregister. Taschenformat. 64 Seiten. 1934. (Guttentagsche Sammlung von Textausgaben ohne Anmerkungen mit Sachregister.) RM. 0.80

Das Gesetz über die Heimarbeit vom 23. 3. 34 gibt dem wirtschaftlich und sozial wichtigen Gebiet der Heimarbeit und des Hausgewerbes neue Grundlagen. Insbesondere erweitert bzw. regelt es den Entgeltschutz der Heimarbeiter. Für die mit dem Heimarbeitschutz befaßten Behörden und Verbände und für die auf der Heimarbeit aufgebauten industriellen und gewerblichen Betriebe ist diese Ausgabe, die eine sachkundige ausführliche Einleitung und ein sorgfältig bearbeitetes Sachregister enthält, ein zuverlässiges Hilfsmittel zur Anwendung des Gesetzes.

Depène, Hans, **Rohlfing,** Theodor, **Heinitz,** Ernst, **Arbeitsgerichtsgesetz. Kommentar.** Zweite, völlig neubearbeitete Auflage. Taschenformat. 884 Seiten. 1932. (Guttentagsche Sammlung Deutscher Reichsgesetze Bd. 168.) . . . . Geb. RM. 15.—

Arbeitsrechtliche Spruchsammlung. Beilage zum Deutschen Handwerksblatt. Herausgegeben von Amtsgerichtsrat Dr. Theodor Rohlfing, Hauptamtlicher Vorsitzender beim Arbeitsgericht Berlin.

Pro Quartal RM. 0.90

Die Sammlung berichtet fortlaufend über die obergerichtliche Rechtsprechung auf dem Gebiete des Arbeitsrechts. Sie bildet eine wertvolle Ergänzung der amtlichen Sammlung.

Günther, Adolf, und **Schneider,** Richard, **Arbeiterschutz und Arbeitsrecht.** Zweite Auflage. Taschenformat.

I. Teil: **Arbeitszeitschutz.** Das Arbeitszeitnotgesetz und die übrige arbeitszeitrechtliche Gesetzgebung des Reichs seit dem 9. November 1918. 386 Seiten. 1927 . . . . Geb. RM. 6.75

„. . . Doch nicht nur ein praktisches Buch. Unter reichster Benutzung der Rspr. und des Schrifttums wird ein Überblick über den gegenwärtigen Stand der Wissenschaft gegeben. Mit erfreulicher Eindringlichkeit gehen die Verfasser den Problemen nach; in strenger, wissenschaftlicher Sachlichkeit setzen sie sich mit ihnen auseinander; anregend und belehrend. Das Buch verdient die Aufmerksamkeit aller am Arbeitsrecht Beteiligten."

Juristische Wochenschrift Nr. 47, 1932.

II. Teil: Gesetz über die **Beschäftigung Schwerbeschädigter** nebst den einschlägigen gesetzlichen Bestimmungen. 404 Seiten. 1928. (Guttentagsche Sammlung Deutscher Reichsgesetze Bd. 138a/138c.)

Geb. RM. 7.20

„Das Buch stellt nicht nur beim Studium des Gesetzes ein wertvolles Hilfsmittel dar, sondern ist auch für den Handgebrauch des Arbeitsrechtspraktikers unentbehrlich."

Berliner Wohlfahrtsblatt v. 9. XII. 1928.

IV. Teil: **Betriebsstillegungsverordnung.** 240 Seiten. 1929. (Guttentagsche Sammlung Deutscher Reichsgesetze. Bd. 138 d.) Geb. RM. 5.85

„Die Guttentagsche Sammlung ist durch das Buch um ein neues zuverlässiges Hilfsmittel für die Gesetzanwendung bereichert."

Reichsarbeitsblatt Nr. 30, 1929.

Warneyer, Otto, **Betriebsrätegesetz** vom 4. Februar 1920 nebst der Wahlordnung zum Betriebsrätegesetz, dem Aufsichtsratsgesetz samt Wahlordnung und den Ausführungsverordnungen des Reichs und der Länder. Auf der Grundlage der Güntherschen Textausgabe mit Anmerkungen erläutert unter besonderer Berücksichtigung der Rechtsprechung des Reichsgerichts und des Reichsarbeitsgerichts. Zweite Auflage. Taschenformat. 235 Seiten. 1931. (Guttentagsche Sammlung Deutscher Reichsgesetze Bd. 138 b.) . . . . . . Geb. RM. 4.50

Diese Handausgabe ist ihrer Anlage nach ein verkürzter Kommentar, der die Entwicklung des Gesetzes, der Rechtsprechung — vor allem des Reichsarbeitsgerichts! — und der einschlägigen Literatur bis Ende 1930 berücksichtigt.

Tilly, Dr. Helmuth Tczerclas von, **Internationales Arbeitsrecht.** Unter besonderer Berücksichtigung der Internationalen Arbeitsorganisation. 120 Seiten. 1924. (Sammlung Göschen Bd. 882.) . . . . Geb. RM. 1.62

v. Ungern-Sternberg, Die Auflösung und Fusion von Berufsvereinen und ihre arbeitsrechtliche Bedeutung. Oktav. IV, 52 Seiten. 1931.

RM. 3.50

Für laufende Tarifverträge ebenso wie für Schlichtungsverfahren haben Auflösung und Fusion von Gewerkschaften bzw. Arbeitgeberverbänden erhebliche Bedeutung. Deshalb lohnt eine zusammenfassende Durchforschung und Darstellung der Materie wohl. An Hand von Literatur und Rechtsprechung werden alle Zweifelsfragen hier geklärt. Die Schrift bringt den Beteiligten wertvolle Unterlagen für die Praxis.

3. Gewerberecht

Hiller, Fr., und **Luppe**, H., **Gewerbeordnung für das Deutsche Reich nebst Kinderschutzgesetz und Hausarbeitsgesetz** sowie den für das Reich und Preußen erlassenen Ausführungsbestimmungen. Einundzwanzigste, veränderte Auflage. (143. bis 148. Tausend.) Taschenformat. 931 Seiten. 1928. Mit Nachtrag vom 11. 2. 1929. (Guttentagsche Sammlung Deutscher Reichsgesetze Bd. 6.) . . . . Geb. RM. 9.90

„Ein Wort der Empfehlung für dieses Buch zu sagen, erübrigt sich. Hervorgehoben sei, daß diese Auflage alle Vorzüge der früheren Auflagen in sich schließt. Die zahlreichen neuen Gesetze sind erschöpfend berücksichtigt.“ *Zeitschrift des Deutschen Notarvereins.*

Gewerbeordnung für das Deutsche Reich nebst Gaststättengesetz, Kinderschutzgesetz und Hausarbeitsgesetz. Textausgabe mit Einleitung und Sachregister. Taschenformat. IV, 200 Seiten. 1932. (Guttentagsche Sammlung von Textausgaben ohne Anmerkungen mit Sachregister.) . . . . Geb. RM. 3.—

Brassert, H., **Allgemeines Berggesetz** für die preußischen Staaten mit Kommentar. Zweite Auflage, bearbeitet von Hans Gottschalk. Groß-Oktav. XXIX, 1291 Seiten. 1914. RM. 27.—, geb. RM. 30.—

Sonnenfeld, Hugo, **Die reichsrechtlichen Bestimmungen, betreffend den Handel mit Drogen und Giften.** Dritte, veränderte Auflage. Taschenformat. 435 Seiten. 1926. (Guttentagsche Sammlung Deutscher Reichsgesetze Bd. 64.) . . . . Geb. RM. 10.80

Friedrichs, Karl, **Gaststättengesetz** vom 28. April 1930 mit den Durchführungs- und Ausführungsverordnungen des Reichs und Preußens. Taschenformat. VIII, 144 Seiten. 1930. (Guttentagsche Sammlung Deutscher Reichsgesetze Bd. 176.) . . . . RM. 3.15

Lebbin, Georg, **Nahrungsmittelgesetze** mit Erläuterungen. Zweite, stark vermehrte Auflage in zwei Bänden.

I. Band: Das Lebensmittelgesetz vom 5. Juli 1927 mit Nebengesetzen (Margarine, Fleisch, Milch, Süßstoff, Essigsäure usw.). Erläutert von G. Lebbin und R. Gießner. Taschenformat. XVI, 419 Seiten. 1928. (Guttentagsche Sammlung Deutscher Reichsgesetze Bd. 54a.) Geb. RM. 7.65

II. Band: Getränkegesetze und Getränkesteuergesetze (Wein, Bier, Branntwein, Mineralwasser). Unter Mitarbeit von Rechtsanwalt Dr. Kniebe. Taschenformat. XII, 400 Seiten. 1926. (Guttentagsche Sammlung Deutscher Reichsgesetze Bd. 54b.) . . . . Geb. RM. 9.—

Voß, Werner, **Die reichs- und landesrechtlichen Bestimmungen auf dem Gebiete des Gesundheitswesens.** Taschenformat. 608 Seiten. 1929. (Guttentagsche Sammlung Deutscher Reichsgesetze Bd. 172.) Geb. RM. 9.90

„Das Buch wird seiner Aufgabe, fast den gesamten Gesetzesstoff in einem einzigen kleinen Bande in die Hand zu geben, gewiß gerecht und wird sich schnell als unentbehrliches Hilfsmittel für jeden erweisen, der öfter mit dem Gesundheitswesen zu tun hat.“
Reichsverwaltungsblatt Nr. 23, v. 8. VI. 1929.

4. Geistig-gewerblicher Rechtsschutz.

Elster, Alexander, **Urheber- und Erfinder-, Warenzeichen- und Wettbewerbsrecht.** (Gewerblicher Rechtsschutz.) Zweite, stark erweiterte und völlig umgearbeitete Auflage. Mit Abdruck der Gesetzestexte. Oktav. XII, 611 Seiten. 1928. Mit Nachtrag 1931. (Lehrbücher und Grundrisse der Rechtswissenschaft Bd. VIII.) RM. 16.20, geb. RM. 17.50

„Seit Kohler und Osterrieth endlich wieder das lang entbehrte Lehrbuch. Hier unternimmt ein wahrhaft selbständiger und ideenreicher Kopf den Versuch, eine wirkliche Synthese zu schaffen.“
Juristische Rundschau Nr. 1, v. 1. 1. 1929.

Neuberg, J., **Der internationale gewerbliche Rechtsschutz.** 2. Auflage. 128 Seiten. 1923. (Sammlung Göschen Bd. 271.) . . . . Geb. RM. 1.62

Daude, Paul, **Die Reichsgesetze über das Urheberrecht an Werken der Literatur und der Tonkunst und das Verlagsrecht** vom 19. Juni 1901 in der Fassung des Gesetzes vom 22. Mai 1910 zur Ausführung der revidierten Berner Übereinkunft. Oktav. VIII, 293 Seiten. 1910. **RM. 6.—**

Lindemann, O., **Gesetz, betr. das Urheberrecht** an Werken der Literatur und der Tonkunst. Vierte Auflage. Taschenformat. 171 Seiten. 1921. (Guttentagsche Sammlung Deutscher Reichsgesetze Bd. 60.) Geb. RM. 1.60

Fuld, Ludwig, **Gesetz, betr. das Urheberrecht an Werken der bildenden Künste und der Photographie.** Zweite Auflage. Taschenformat. 192 Seiten. 1925. (Guttentagsche Sammlung Deutscher Reichsgesetze Bd. 81.) . . . . Geb. RM. 5.40

Andritzky, Christoph, **Die Rechtsstellung des Drehbuchautors.** Oktav. XI, 80 Seiten. 1931 . . . . RM. 3.50
Andritzky äußert sich zu den Streitfragen um die Urheberschaft am Film. Er trennt scharf zwischen künstlerischer Leistung und künstlerisch-urheberischer Schöpfung und kommt zu der These: Der Filmurheber ist der Urheber des kurbelfertigen Drehbuches. — Die Verhältnisse beim Tonfilm sind, soweit dies möglich erschien, berücksichtigt.

Reininger, O., **Der Schutz des Urheberrechts im deutschen Rundfunk.** Oktav. 88 Seiten. 1929 . . . . **RM. 4.—**
„Eine interessante zeitgemäße, namentlich auch für geistige Neuschöpfer wichtige Studie.“ Badische Rechtspraxis Nr. 3, 1929

Giesecke, Hans, **Die juristischen Probleme des Bildfunks.** Oktav. 90 Seiten. 1932 . . . . RM. 3.60
Die interessanten urheberrechtlichen Fragen, die mit der neuen technischen Errungenschaft eines „Bildfunks“ zusammenhängen und teilweise schon jetzt, insbesondere aber für die Zukunft sehr aktuell sind, werden in dieser Arbeit nach allen Seiten hin sorgfältig untersucht.

Heinitz, Ernst, und **Marwitz,** Bruno, **Das Reichsgesetz über das Verlagsrecht.** Textausgabe mit Einleitung, Anmerkungen und Sachregister. Dritte Auflage. Taschenformat. 136 Seiten. 1922. (Guttentagsche Sammlung Deutscher Reichsgesetze Bd. 61.) . . . . Geb. RM. 1.45

Elster, A., **Das deutsche Urheber- und Verlagsrecht.** 128 Seiten. 1923. (Sammlung Göschen Bd. 863.) . . . . Geb. RM. 1.62
„Erstaunlich ist, wie Elster diese beiden so viel umstrittenen Gesetze auf so engem Raum in vortrefflicher Weise zur Darstellung gebracht hat.“ Deutscher Journalistenspiegel Nr. 17, v. 5. VI. 1927

Heymann, E., **Die zeitliche Begrenzung des Urheberrechts.** Oktav. 74 Seiten. 1927. (Sitzungsberichte der Preußischen Akademie der Wissenschaften zu Berlin.) . . . . RM. 5.—

Pietzcker, Eduard, **Patentgesetz und Gebrauchsmusterschutzgesetz.** Kommentar unter Berücksichtigung der vorgeschlagenen und weiter beantragten Abänderungen des Patentgesetzes. Erster Halbband:

§§ 1—12 PatG. Groß-Oktav. 427 Seiten. 1929. (Gewerbe- und Industrie-Kommentar Bd. V, 1.) Der zweite, das Werk abschließende Band, wird 1933 erscheinen . . . . . . RM. 26.—, geb. RM. 28.—

„Die überall zutage tretende geistige Leistung macht Pietzckers Kommentar für jeden, der sich mit diesem Rechtsgebiet zu beschäftigen hat, zum unentbehrlichen Rüstzeug."
Markenschutz und Wettbewerb Nr. 4, April 1929.

Seligsohn, Arnold, **Patentgesetz und Gesetz, betr. den Schutz von Gebrauchsmustern.** Siebente Auflage. Groß-Oktav. VIII, 622 Seiten. 1932 . . . . RM. 22.50, geb. RM. 24.30

Der Patentkommentar von Seligsohn ist seit seiner ersten Auflage als ein führendes Werk dieses schwierigen und wichtigen Rechtsgebietes bekannt.

Lutter, R., **Patentgesetz.** Nebst Ausführungsbestimmungen, völkerrechtlichen Verträgen und Patentanwaltsgesetz, unter eingehender Berücksichtigung der Rechtsprechung des Reichsgerichts und der Praxis des Reichspatentamts. Neunte Auflage. Taschenformat. XV, 467 Seiten. 1928. (Guttentagsche Sammlung Deutscher Reichsgesetze Bd. 22.) Geb. RM. 9.—

„Jedem, der eines kurzgefaßten zuverlässigen Kommentars für den Augenblicksgebrauch bedarf, sei diese vorzügliche Taschenausgabe des Patentgesetzes von Lutter dringend empfohlen. Jede neue Ausgabe verbessert das Buch. Es ist nicht leicht, kurz zu kommentieren. Möge dieses Buch, das bei aller Knappheit stets in Fühlung mit der Entwicklung des Rechtsgebiets bleibt, sich seine Kürze erhalten." Markenschutz und Wettbewerb Nr. 14, November 1928.

Elster, A., **Das deutsche Erfinderrecht.** (Patent- und Musterschutzrecht). 118 Seiten. 1924. (Sammlung Göschen Bd. 891.) . . Geb. RM. 1.62

Seligsohn, Jul., **Geheimnis und Erfindungsbesitz.** Groß-Oktav. 147 Seiten. 1921 . . . . RM. 3.—

Elster, A., **Gesetz gegen den unlauteren Wettbewerb** vom 7. Juni 1909. In der Fassung vom 9. März 1932. Kurzer Kommentar für Praxis und Studium. Neunte, durchgearbeitete und wesentlich ergänzte Auflage der erläuterten Textausgabe von Justizrat Dr. Albert Pinner und Dr. Alexander Elster. Taschenformat. 392 Seiten. 1932. (Guttentagsche Sammlung Deutscher Reichsgesetze Bd. 37.) Geb. RM. 6.75

„Der Umfang der erläuterten Textausgabe ist wieder sehr gestiegen, so daß sie nun mit Recht die Bezeichnung kurzer Kommentar führt. Obwohl für die Praxis bestimmt und im wesentlichen auf den Ergebnissen der Rechtsprechung fußend, zeigt das Werk — besonders in der Einleitung, aber auch in den einzelnen Ausführungen — die grundsätzliche Einstellung des Verfassers zu der Rechtsnatur des Wettbewerbsrechts. Für das Studium sowie als erstes Nachschlagewerk für die Praxis ist das Werk hervorragend geeignet."
Juristische Wochenschrift Nr. 18, v. 26. VI. 1932

Elster, A., **Gesetz über das Zugabewesen** vom 12. V. 1933. Ergänzung zu Elster, Unlauterer Wettbewerb, und Elster, Zugaben-Verordnung. 1933 . . . . RM. 0.20

Elster, A., **Zugaben-Verordnung.** (Erster Teil der Verordnung des Reichspräsidenten zum Schutze der Wirtschaft vom 9. März 1932.) Taschenformat. 80 Seiten. 1932. (Guttentagsche Sammlung Deutscher Reichsgesetze Nr. 37a.) . . . . RM. 1.80

Wassermann, Martin, **Der unlautere Wettbewerb nach deutschem Recht.** I. Generalklausel, Reklameauswüchse, Ausverkaufswesen, Angestelltenbestechung. 160 Seiten. 1911. II. Kreditschädigung, Firmen- und Namenmißbrauch, Verrat von Geheimnissen, Ausländerschutz. 151 Seiten. 1911. (Sammlung Göschen Bd. 339 u. 535.) . . . . Geb. je RM. 1.62

Wolff, F., und Crisolli, K.-A., Das Recht der Reklame. Lexikon-Oktav. 424 Seiten. 1929 . . . . RM. 9.—, geb. RM. 10.—

Hagens, Alfred, Warenzeichenrecht. Kommentar. Groß-Oktav. VIII, 408 Seiten. 1927. (Gewerbe- und Industrie-Kommentar Bd. III.) RM. 22.—, geb. RM. 24.—

„Eine ausführliche Darstellung, die zeigt, daß der Verfasser das gesamte Fachschrifttum und die reichhaltige Rechtsprechung restlos beherrscht. Ich habe gefunden, daß nicht ein einziger Fall von Bedeutung fehlt.“ Markenschutz und Wettbewerb Nr. 12, 1927.

Seligsohn, Arnold, Gesetz zum Schutz der Warenbezeichnungen. Dritte Auflage, bearbeitet in Gemeinschaft mit Martin Seligsohn in Berlin. Groß-Oktav. IV, 416 Seiten. 1925. RM. 15.—, geb. RM. 16.50

Freund, G. S., Magnus, Julius, und Jüngel, Friedrich, Das deutsche Warenzeichenrecht. Sechste, neubearbeitete Auflage. Teil I: Die internationalen Verträge. Oktav. VI, 247 Seiten. Mit 4 Tafeln. 1924. (Guttentagsche Sammlung Deutscher Reichsgesetze Bd. 87a.) Geb. RM. 8.10

Das deutsche Warenzeichenrecht.
Teil II: Oktav. XV, 804 Seiten. 1933. (Guttentagsche Sammlung Deutscher Reichsgesetze Bd. 87b.) . . . . Geb. RM. 25.—

„Die Zusammenarbeit dieser beiden hervorragenden Sach- und Fachkenner hat ein Werk geschaffen, dessen I. Teil sich in den seit seinem Erscheinen verflossenen neun Jahren oft bewährt hat. Es bedarf daher keiner Prophetengabe, auch dem II. Teil einen gleichen Erfolg vorauszusagen. Schon ein flüchtiges Durchblättern hat mich darüber belehrt, daß dieser strenge Wissenschaftlichkeit mit praktischer Brauchbarkeit vereint und sich durch eine kaum zu überbietende Kürze im Ausdruck auszeichnet. Die unendliche Fülle der angeführten Fälle aus der Praxis zeigen eine Beherrschung des Schrifttums und Ausschöpfung der Entscheidungssammlungen, die Staunen erregt. Musterhaft erscheint mir die Übersichtlichkeit der Anordnung und Knappheit im Ausdruck. Diese hat indessen die Verfasser nicht gehindert, einige Fragen mit besonderer Liebe und Ausführlichkeit zu behandeln.“
(Markenschutz und Wettbewerb, Oktober 1933.)

Born, A., Reichspreßgesetz vom 7. Mai 1874 in der jetzt geltenden Fassung nebst den einschlägigen Bestimmungen der Reichsverfassung, des Reichsstrafgesetzbuches, der Gewerbeordnung usw. Mit Kommentar und Sachregister. Vierte, veränderte Auflage. Taschenformat. 234 Seiten. 1931. (Guttentagsche Sammlung Deutscher Reichsgesetze Bd. 53.) . . . . Geb. RM. 5.40

IV. Zivilprozeß

Fischer, Otto, Lehrbuch des deutschen Zivilprozeß- und Konkursrechts. Groß-Oktav. XII, 488 Seiten. 1918 . . . RM. 8.—, geb. RM. 10.—

Kisch, Wilh., Deutsches Zivilprozeßrecht.
I. Band. Vierte, verbesserte Auflage. 115 Seiten. 1929. (Sammlung Göschen Bd. 428.) . . . . Geb. RM. 1.62
II. Band. Vierte, verbesserte Auflage. 168 Seiten. 1929. (Sammlung Göschen Bd. 430.) . . . . Geb. RM. 1.62
III. Band Vierte, verbesserte Auflage. 148 Seiten. 1929. (Sammlung Göschen Bd. 430.) . . . . Geb. RM. 1.62

Sydow, R., Busch, L., und Krantz, W., Zivilprozeßordnung und Gerichtsverfassungsgesetz nebst Anhang, enthaltend Entlastungsgesetze und

die Notverordnung vom 1. Dezember 1930. Handkommentar unter besonderer Berücksichtigung der Entscheidungen oberster Gerichte. Neubearbeitete, zwanzigste Auflage. Zwei Bände. Groß-Oktav. VIII, VIII und 1540 Seiten. 1930. Mit Nachtrag 1932. Geb. RM. 32.— (de Gruytersche Sammlung Deutscher Gesetze, Handkommentare.)
Nachtrag, enthaltend die durch den VI. Abschnitt der Dritten Verordnung des Reichspräsidenten vom 6. Oktober 1931 eingetretenen Änderungen und die Fortsetzung der Erläuterungen der ZPO. und des GVG. Groß-Oktav. 94 Seiten. 1932. . . . . RM. 2.25

„Auch innerlich ist der ausgezeichnete Handkommentar von Sydow-Busch-Krantz verändert. Es sind viele veraltete Entscheidungen ausgemerzt und dafür die Erläuterungen durch eingehendere Darlegungen zweckmäßig erweitert worden. An der Grundanlage des Buches wurde nichts geändert, die Druckanordnung ist noch übersichtlicher als bisher. So wird das Buch seine alten Freunde behalten und ohne Zweifel viele neue hinzuerwerben."

Leipziger Zeitschrift für deutsches Recht Nr. 20, v. 15. X. 1930

Rosenberg, L., Zivilprozeßgesetzgebung. Taschenformat. 580 Seiten. 1930. Geb. RM. 8.—
(Lehrausgaben Deutscher Gesetze, Bd. II.)

„Diese neuartige Ausgabe der ZPO. der ‚Lehrausgaben Deutscher Gesetze' ist ein Beispiel für die besondere Nützlichkeit einer solchen Ausgabe. Die Besonderheiten dieser handlichen und ershöpfenden Ausgabe der Zivilprozeßgesetzgebung bestehen in der sachlichen Ordnung des umfassenden Stoffes, in der Hervorhebung von besonders Wesentlichem durch Sperrdruck und vor allem aber darin, daß den einzelnen Paragraphen in systematischer Weise Überschriften vorausgeschickt sind, die die hier besonders wichtige Aufgabe erfüllen, den Aufbau des Gesetzes und den Zusammenhang der einzelnen Vorschriften klar erkennen zu lassen."

Juristische Wochenschrift Nr. 47, v. 22. XI. 1930.

Zimmerle, Ludwig, **Die neue Zivilprozeßordnung** vom 27. Oktober 1933 mit Gerichtsverfassungsgesetz und Nebengesetzen. Textausgabe mit Verweisungen und Sachregister. Taschenformat. XX, 436 Seiten. 1933. (Guttentagsche Sammlung von Textausgaben ohne Anmerkungen mit Sachregister.) . . . . Geb. RM. 3.50

Die Ausgabe enthält die neue Fassung der ZPO., die Bekanntmachung und das Gesetz zur Entlastung der Gerichte, das Gesetz betr. die Beschlagnahme des Arbeits- und Dienstlohnes, die Verordnung über Lohnpfändung und die §§ 68—71 des Reichsversorgungsgesetzes, die nachträgliche amtliche Berichtigung der Neufassung des Gesetzestextes vom 1. Dezember 1933. Der raschen Unterrichtung über die neuen zum Teil sehr wesentlichen Änderungen dienen eine ausführliche Einleitung und zahlreiche Verweisungen, durch die die Neuerungen und Änderungen kenntlich gemacht sind. Die neue Fassung trat bereits am 1. Januar 1934 in Kraft.

Der neue Entwurf einer Zivilprozeßordnung. Veröffentlicht durch das Reichsjustizministerium. Lexikon-Oktav. 561 Seiten mit 2 Paragraphen-Verzeichnissen. 1931 . . . . . . RM. 10.—, geb. RM. 12.—

Die Grundgedanken der Zivilprozeßreform vom 27. Oktober 1933. Ein Vortrag von Privatdozent Dr. jur. Heinz Hildebrandt, Gerichtsassessor, Heidelberg. Oktav. 36 Seiten. 1934 . . . RM. 2.—

Die Schrift ist die Wiedergabe eines Vortrages, den der Verfasser vor Angehörigen des Bundes Nationalsozialistischer Deutscher Juristen hielt. Mit dem Vortrag beabsichtigt der Verfasser, den an der praktischen Durchsetzung der Zivilprozeßreform im Rechtsleben betrauten und beteiligten Juristen eine zuverlässige und einprägsame Einführung in die großen Zweckzusammenhänge der Zivilprozeß-

novelle vom 27. 10. 33 zu geben. Das Schrifttum ist bis in die kürzeste Zeit berücksichtigt.

Sydow, R., **Busch,** L., und **Krantz,** W., **Gerichtsverfassungsgesetz** mit Einführungsgesetz. Unter besonderer Berücksichtigung der Entscheidungen des Reichsgerichts. Zehnte Auflage. Taschenformat. 347 Seiten. 1925. (Guttentagsche Sammlung Deutscher Reichsgesetze Bd. 14.) Geb. RM. 5.40

Rausnitz, Julius, **Gebührenordnung für Notare** vom 28. Oktober 1922 (GS. 404) nebst den einschlägigen Vorschriften des Preußischen Gerichtskostengesetzes vom 28. Oktober 1922 (GS. 363), beide in der Fassung der Gesetze vom 12. April 1923 (GS. 107), 18. Dezember 1923 (GS. 556) und der Verordnung vom 28. Juni 1924 (GS. 573). Sechste, umgearbeitete Auflage. Oktav. 158 Seiten. 1925. (Guttentagsche Sammlung Preußischer Gesetze Bd. 4.) . . . Geb. RM. 6.30

Sydow, R., **Busch,** L., und **Krieg,** O., **Die Deutsche Gebührenordnung für Rechtsanwälte,** das Gesetz, betreffend die Erstattung von Rechtsanwaltsgebühren in Armensachen, und die Preußische Landesgebührenordnung mit Erläuterungen. Auf der Grundlage der Sydow-Busch'schen Textausgabe mit Anmerkungen in dreizehnter Auflage unter Mitaufnahme des Gesetzes über die Erstattung in Armensachen neubearbeitet. Taschenformat 496 Seiten. 1929. (Guttentagsche Sammlung Deutscher Reichsgesetze Bd. 17.) . . . . Geb. RM. 8.10

„. . . *Die Guttentagschen Handkommentare haben sich auf allen Gebieten einen so guten Namen erworben, daß eine Empfehlung nicht notwendig ist . . .*" *Juristische Wochenschrift Nr. 45/46, 1929.*

Isaac, Martin, **Leitfaden für Handelsrichter.** Oktav. 132 Seiten. 1932. RM. 3.60

Der Handelsrichter hat Rechte und Pflichten eines gelehrten Richters, ohne, wie es das Gesetz vorschreibt, geringste juristische Ausbildung. Die sich bei der Tätigkeit ergebenden Schwierigkeiten soll dieses Bändchen klären. Alles, was aus dem Prozeßrecht, vornehmlich aber der Prozeßtechnik von Interesse ist, wird in klarer Briefform dargestellt.

Sydow, R., **Busch,** L., und **Krieg,** O., **Deutsches Gerichtskostengesetz nebst Gebührenordnung** für Gerichtsvollzieher und für Zeugen und Sachverständige in den neuesten Fassungen. Auf der Grundlage der Sydow-Busch'schen Textausgabe mit Anmerkungen neubearbeitet in elfter Auflage. Taschenformat. XI, 433 Seiten. 1928. (Guttentagsche Sammlung Deutscher Reichsgesetze Bd. 15.) . . . . . . Geb. RM. 6.75

Lindemann, Otto, **Preußisches Gerichtskostengesetz** (neueste Fassung). Nach dem Tode des früheren Herausgebers P. Siméon erläutert. Achte, völlig umgearbeitete Auflage. Taschenformat. 439 Seiten. 1928. (Guttentagsche Sammlung Preußischer Gesetze Bd. 17.) Geb. RM. 7.20

Freiwillige Gerichtsbarkeit

Jastrow, Hermann, und **Günther,** Hermann, **Die Gesetze des Reiches und Preußens über die freiwillige Gerichtsbarkeit.** Textausgabe mit Einleitung, Anmerkungen und Sachregister. Siebente, vermehrte Auflage. Taschenformat. 548 Seiten. 1928. (Guttentagsche Sammlung Deutscher Reichsgesetze Bd. 46.) . . . . Geb. RM. 8.10

„*Die Anmerkungen sind übersichtlich und bringen in treffender Kürze alles für die Praxis Wesentliche. Der Preis ist für das Gebotene mäßig.*" *Ztschr. f. freiwillige Gerichtsbarkeit Nr. 2, 1929.*

Die Gesetze des Reiches und Preußens über die freiwillige Gerichtsbarkeit. Textausgabe mit Sachregister. Taschenformat. 168 Seiten. 1930. (Guttentagsche Sammlung von Textausgaben ohne Anmerkungen mit Sachregister.) . . . . RM. 2.70

Das Buch enthält in der bekannten Art der Guttentagschen Gesetzesausgaben außer dem „Gesetz über die Angelegenheiten der freiwilligen Gerichtsbarkeit" alle in dieses Gebiet fallenden sonstigen Gesetze, Ausführungsbestimmungen, Abkommen, Verordnungen usw. in absolut zuverlässigem Abdruck und ein das Zurechtfinden sehr erleichterndes Sachregister.

Szkolny, Felix, und **Kober,** Leopold, **Das Notariatrecht,** unter besonderer Berücksichtigung des materiellen Rechts und des Steuer- und Stempelrechts erläutert. Oktav. 236 Seiten. 1926. (Guttentagsche Sammlung Deutscher Reichsgesetze Bd. 163.) . . . . Geb. RM. 7.65

Szkolny, Felix, **Die Belehrungspflicht des Notars.** Oktav. 52 Seiten. 1927. . . . . RM. 2.—

„Ein trotz seines geringen Umfanges sehr nützliches Buch, für das wir dem Verfasser Dank wissen müssen."

Zeitschrift des Deutschen Notarvereins, 1927.

Konkursordnung und Zwangsvollstreckung

Jaeger, Ernst, **Kommentar zur Konkursordnung** und den Einführungsgesetzen. Mit einem Anhang, enthaltend das Anfechtungsgesetz, die Vergleichsordnung, Auszüge aus den Kostengesetzen, Ausführungsgesetze und Geschäftsordnungen. Sechste und siebente, neubearbeitete Auflage. Lexikon-Oktav. **Der Umfang des Gesamtwerkes umfaßt etwa 100 Bogen. Die Ausgabe erfolgt in Lieferungen.**

Erster Band: §§ 1—46. XXVIII, 828 Seiten. 1928—1931. RM. 49.—, geb. RM. 54.—

Zweiter Band: 1. Lieferung (Lieferung 5 des Gesamtwerkes). §§ 47—70. 1933 . . . . RM. 9.—

(Der Kauf des ersten Bandes verpflichtet zum Bezug des ganzen Werkes (2 Bände). Das Gesamtwerk soll in Jahresfrist fertig vorliegen.

„*. . . Kurz gesagt: das Buch ist das unübertreffliche Standardwerk.*

Deutsche Richterzeitung Nr. 1, v. 15. 1. 1929.

Jaeger, Ernst, **Lehrbuch des Konkursrechts.** Achte, erweiterte Auflage des Grundrisses zur Vorlesung über Konkursrecht. Groß-Oktav. 253 Seiten. 1932 . . . . Geb. RM. 13.50

„*. . . Jedes Wort des Lobes über dieses Werk erscheint mir überflüssig. Der anerkannt beste Kenner und Förderer des Konkursrechts ein ausgezeichneter Pädagoge, ein Meister der deutschen Sprache hat uns ein Lehrbuch geschenkt, das nicht nur den Studierenden in unvergleichlicher Weise in das schwierige Gebiet des deutschen Konkursrechts einführt, sondern das auch dem gereiften Juristen durch häufige geschichtliche und rechtsvergleichende Hinweise und durch die Art, wie es die systematischen Zusammenhänge hervortreten läßt, die treibenden Kräfte der Rechtsgestaltung aufdeckt und zu den zahlreichen Streitfragen des Konkursrechts in stets klarer und belehrender Weise Stellung nimmt, eine überaus reizvolle, anregende und genußreiche Lektüre gewährt."* *Deutsche Juristen-Zeitung Nr. 22, 1922.*

Entwurf einer Vergleichsordnung nebst Einführungsgesetz und Begründung. Veröffentl. durch das Reichsjustizministerium. Groß-Oktav. 94 Seiten. 1933. C. H. Beck'sche Verlagsbuchhandlung (Oskar Beck), München, J. Bensheimer in Mannheim, Walter de Gruyter & Co. in Berlin, Carl Heymanns Verlag, Otto Liebmann, J. C. B. Mohr (Paul Siebeck) in Tübingen, W. Moeser Buchhandlung in Leipzig, J. Schweitzer Verlag in München, Julius Springer in Berlin, Georg Stilke in Berlin, Franz Vahlen in Berlin . . . . RM. 2.—

Auslieferung bei: Walter de Gruyter & Co., Berlin und Leipzig.

Inhalt: 1. Entwurf einer Vergleichsordnung. 2. Entwurf eines Einführungsgesetzes zur Vergleichsordnung. 3. Begründung zum Entwurf einer Vergleichsordnung. A) Allgemeine Begründung. B) Be-

sondere Begründung. 4. Begründung zum Entwurf eines Einführungsgesetzes zur Vergleichsordnung.

Sydow, R., **Busch,** L., und **Krieg,** O., **Konkursordnung,** Vergleichsordnung und Anfechtungsgesetz mit Erläuterungen. Auf der Grundlage der Sydow-Buschschen Textausgabe mit Anmerkungen in sechzehnter Auflage. V, 870 Seiten. 1932. (Guttentagsche Sammlung Deutscher Reichsgesetze Bd. 13.) . . . . Geb. RM. 10.80

„. . . erfüllt alle Anforderungen, die man an einen Handkommentar stellen kann, der rasch und zuverlässig über alle Rechtsfragen unterrichtet, ohne bis ins kleinste den einzelnen Streitfragen wie ein großer Kommentar nachzugehen. Für den praktischen Gebrauch ist das Werk ausgezeichnet . . ." Juristische Wochenschrift Nr. 18/19, 1933.

Krech, J., und **Fischer,** O., **Die Gesetzgebung, betr. die Zwangsvollstreckung in das unbewegliche Vermögen** im Reiche und in Preußen. Textausgabe mit Einleitung, Anmerkungen und Sachregister. Zehnte Auflage, bearbeitet von O. Fischer. Taschenformat. 266 Seiten. 1929. (Guttentagsche Sammlung Deutscher Reichsgesetze Bd. 43.) Geb. RM. 4.50

„Die Ausgabe ist zu schneller Unterrichtung, vor allem zum Gebrauch im Termin ein vortreffliches Hilfsmittel. Ihre Anschaffung kann auch außerhalb Preußens nur empfohlen werden." Archiv für Rechtspflege in Sachsen Nr. 4, 1929.

Blomeyer, Karl, **Zwangsvollstreckung.** Oktav. XII, 187 Seiten. 1932. Geb. RM. 4.50
(Lehrbücher und Grundrisse der Rechtswissenschaft, Bd. XV.)

Der Band behandelt das Zwangsvollstreckungsrecht gesondert und enthält die letzten einschneidenden Neuerungen des Zwangsvollstreckungsnotrechts, die noch in keiner systematischen Darstellung berücksichtigt sind. Mit der Herausgabe wird einem in Dozentenkreisen oft geäußerten dringenden Bedürfnis entsprochen. Die Bearbeitung ist so angelegt, daß sie nicht nur dem Studierenden das einschlägige Recht aufschließt, sondern auch dem Referendar ein brauchbares Mittel zur Unterrichtung in die Hand gibt.

Kretzschmar, F., **Die Zwangsversteigerung und die Zwangsverwaltung.** 110 Seiten. 1911. (Sammlung Göschen Bd. 523.) . . Geb. RM. 1.62

Schultze, Fritz und **Seifert,** Fritz, **Der gesamte neue Vollstreckungsschutz.** Ausführlicher Kommentar. Taschenformat. XXII, 608 Seiten. 1934. (Guttentagsche Sammlung Deutscher Reichsgesetze Bd. 185.) Geb. RM. 12.—

Der Kommentar enthält nach dem Stande vom März 1934 erstmalig übersichtlich in einem Bande alle Gesetze und Verordnungen des allgemeinen, des gesamten landwirtschaftlichen und des Binnenschiffahrts-Vollstreckungsschutzes nebst allen Ergänzungsbestimmungen und früheren Fassungen. Rechtslehre und Rechtsprechung u. a. eine große Anzahl bisher nicht veröffentlichter Entscheidungen sind erschöpfend berücksichtigt. Die Verfasser verfügen als Vollstreckungsrichter über umfassende praktische Erfahrungen auf diesem Gebiet.

Huyke, W., **Offenbarungseid und Haft im Zivilprozeß.** Taschenformat. 173 Seiten. 1930. (Guttentagsche Sammlung Deutscher Reichsgesetze, Bd. 177.) . . . . Geb. RM. 3.60

Dieser Band bietet eine ganz auf die Praxis zugeschnittene Erläuterung der das Offenbarungseidsverfahren betreffenden Paragraphen der ZPO. und gibt in einem allgemeinen Teil zuverlässig Auskunft über die sich auf diesem Gebiete ergebenden Streit- und Zweifelsfragen.

V. Strafrecht und Strafprozeß

Strafgesetzbuch

Ebermayer, Ludwig, **Lobe,** Adolf und **Rosenberg,** Werner, **Das Reichsstrafgesetzbuch,** Leipziger Kommentar mit besonderer Berücksichtigung der Rechtsprechung des Reichsgerichts. Fünfte, vermehrte und verbesserte Auflage. Lexikon-Oktav.

Band I: Allgemeiner Teil nebst systematischer Einführung von Dr. Adolf Lobe, Senatspräsident am Reichsgericht i. R. Oktober 1933 mit Nachtrag 1934. Lexikon-Oktav. 472 u. 28 Seiten. 1933. Geb. RM. 21.80

In der Neuausgabe des „Allgemeinen Teils" des „Leipziger Kommentars" sind die bis jetzt getroffenen, zum Teil einschneidenden Gesetzesänderungen vollständig berücksichtigt. Daß gerade hier das künftige Gesetzbuch noch weitere wesentliche Änderungen bringen wird, ist kaum zu erwarten. Jedenfalls könnten diese in einem Nachtrag bei Herausgabe des II. Bandes mit Leichtigkeit ergänzt werden. Der II. Band mit dem „Besonderen Teil" wird voraussichtlich bereits auf der Grundlage des neuen StGB. erscheinen.

Die Erläuterungen dieses Kommentars stehen durchweg auf dem vom neuen Recht eingenommenen Standpunkt der Vergeltungsstrafe; sie haben also besonderes Gewicht und sind heute für die strafrechtliche Praxis wichtiger denn je.

Lobe, Adolf, **Gesetz gegen gefährliche Gewohnheitsverbrecher** und über Maßregeln der Sicherung und Besserung v. 24. Nov. 1933 sowie Ausführungsgesetz vom gleichen Tage. Lexikon-Oktav. 28 Seiten. 1934. RM. 1.80

In der autoritativen Art des Leipziger Kommentars zum Strafgesetzbuch eine eingehende Erläuterung des neuen für die Strafpraxis wichtigen Gesetzes. Die Ausgabe dient zugleich als Nachtrag zum Leipziger Kommentar zum Strafgesetzbuch.

Lobe, Adolf, **Einführung in den Allgemeinen Teil des Strafgesetzbuches.** (Zugleich Einleitung zu dem StGB-Kommentar v. Ebermayer-Lobe-Rosenberg.) Oktav. II, 201 Seiten. 1933 . . . . . . Geb. RM. 6.—

Die lehrbuchartige „Einführung in den Allgemeinen Teil des Strafgesetzbuches" von Senatspräsident A. Lobe war bisher nur als Bestandteil des Leipziger Kommentars zum StGB (von Ebermayer-Lobe-Rosenberg) erhältlich. Von den Kritiken des Kommentars wird sie wegen ihrer Vollständigkeit und Tiefgründigkeit und wegen der Klarheit und Knappheit in der Darstellung gerühmt und von Praktikern und Studierenden wurde verschiedentlich der Wunsch ausgesprochen, diese Einführung gesondert erhalten zu können. Der Verlag legt sie jetzt in einer durchgearbeiteten und erweiterten Sonderausgabe vor, vor allem um damit den Studierenden die Möglichkeit zu geben, sich für das Studium des Strafrechts dieser Darstellung zu bedienen.

Kohlrausch, Eduard, **Strafgesetzbuch für das Deutsche Reich mit Nebengesetzen, Anmerkungen und Sachregister.** Früher von Dr. Fr. v. Liszt † u. Dr. E. Delaquis. Dreißigste Auflage. Taschenformat. XII, 520, *48 Seiten. 1932. (Guttentagsche Sammlung Deutscher Reichsgesetze Bd. 2.) Geb. RM. 7.20

In der Neuauflage, die nur anderthalb Jahr nach Erscheinen der letzten ausgegeben wurde, sind die Erläuterungen bis in die letzte Zeit ergänzt. Trotz aller Kürze und Prägnanz der Anmerkungen hat sich deren Umfang vergrößert. Die Reichsgerichtsentscheidungen wurden in Hinsicht auf die wachsende Bedeutung der Rechtsprechung für das geltende Strafrecht in erster Linie berücksichtigt. Auf den Entwurf eines neuen Strafgesetzes ist, soweit angängig, hingewiesen. Wie bisher enthält die Ausgabe im Anhang zahlreiche Texte strafrechtlicher Nebengesetze und Verordnungen.

„Juristische Wochenschrift".

Hoormann, Hugo, **Strafgesetzbuch** für das Deutsche Reich mit wichtigen Nebengesetzen. Textausgabe mit Einleitung und Sachregister. Zwölfter

Abdruck. Taschenformat. 200 Seiten. 1933. Mit Nachtrag 1934 enthaltend das Gesetz gegen gefährliche Gewohnheitsverbrecher und über Maßregeln der Sicherung und Besserung. (Guttentagsche Sammlung von Textausgaben ohne Anmerkungen mit Sachregister.)

Geb. RM. 2.20

Die neue Auflage dieser weitverbreiteten Ausgabe entspricht in allen Teilen der neuen Fassung des Strafgesetzbuches. Sie enthält das Gesetz vom 26. Mai 1933, das in den Text eingearbeitet ist, und im Anfang eine Anzahl Nebengesetze, darunter die wichtigsten Verordnungen zur Sicherung der nationalen Erhebung und die Bestimmungen zur Gewährleistung des Rechtsfriedens. Zur raschen Orientierung über den Inhalt des Strafgesetzbuches wird das handliche Bändchen besonders gute Dienste leisten.

v. Liszt, Fr., Lehrbuch des deutschen Strafrechts. Sechsundzwanzigste, vollkommen neubearbeitete Auflage (49.—51. Tausend), von Dr. E. Schmidt, Professor der Rechte in Hamburg.

I. Band: Einleitung und Allgemeiner Teil. Oktav. 496 Seiten. 1932. RM. 11.70, geb. RM. 13.50

II. Band: Im Druck.

Gerland, H. B., Deutsches Reichsstrafrecht. Ein Lehrbuch. Zweite, völlig umgearbeitete Auflage. Oktav. XX, 732 Seiten. 1932. (Lehrbücher und Grundrisse der Rechtswissenschaft Bd. XVI.)

RM. 15.—, geb. RM. 16.50

„Durch knappe, geradezu klassische Kürze zeigende Darstellung gelang es Gerland, auf engem Raume eine ungeheure Fülle des Stoffes zu bieten und auf jede Frage Antwort zu geben.“

Juristische Wochenschrift v. 11. X. 1925.

Gerland, H. B., Der Entwurf 1925. Allgemeiner Teil. Kritische Bemerkungen. Oktav. 96 Seiten. 1925 . . . . RM. 5.—

„Eine außerordentlich interessante Abhandlung. Die Schrift stellt ein fast unentbehrliches Hilfsmittel für jeden dar, der sich mit den einschlägigen Fragen zu beschäftigen hat.“

Mitteilungen des Preußischen Richtervereins v. 11. X. 1925.

Aschrott, P. F., u. Kohlrausch, Ed., Reform des Strafrechts. Kritische Besprechung des Amtlichen Entwurfs eines Allgemeinen Deutschen Strafgesetzbuchs. Auf Veranlassung der Deutschen Landesgruppe der Internationalen Kriminalistischen Vereinigung unter Mitwirkung erster Fachgenossen herausgegeben. Gr.-Oktav. V, 415 S. 1926. RM. 18.—

Sammlung außerdeutscher Strafgesetzbücher in deutscher Übersetzung. Herausgegeben von den Schriftleitungen der Zeitschrift für die ges. Strafrechtswissenschaft u. d. Mitteilungen der Internationalen Kriminalistischen Vereinigung. Nr. 1—43. 1881—1914 . . Preise auf Anfrage.

Nr. 44:

Japanische Strafgesetze. I. Schwurgerichtsordnung vom 18. April 1923 und strafrechtliche Nebengesetze. Übersetzt von Hyoichiro Kusano, Reichsgerichtsrat in Tokio, Tadao Sugiura, Oberlandesgerichtsrat in Sapporo, und Dr. jur. Fritz Bartelt in Berlin. II. Strafvollzugsgesetz vom 28. März 1908 nebst Ausführungsverordnung vom 16. Juni 1908. Übersetzt von Dr. jur. Toshita Tokiwa, Gerichtsassessor in Tokio, und Dr. jur. Werner Gentz, Justizrat beim Strafvollzugsamt in Kiel. Groß-Oktav. 55 Seiten. 1927. RM. 3.—

Nr. 45:

Die Auslieferungsgesetze Norwegens, Schwedens und Finnlands. Mit einer systematischen Darstellung der Grundzüge des nordischen Auslieferungsrechts im Hinblick auf den Erlaß eines deutschen Auslieferungsgesetzes Von Dr. jur. Ernst Wolgast, Privatdozent in Königsberg i. Pr. Groß-Oktav. VIII, 487 Seiten. 1928. . . RM. 20.—

Nr. 46:

Das Türkische Strafgesetzbuch vom 1. März 1926. Gesetz Nr. 765. (Türkisches Gesetzblatt Nr. 320 vom 13. März 1926.) **Das Ausführungsgesetz** zum Türkischen Strafgesetzbuch vom 26. April 1926. Deutsche Übersetzung von Dr. K. Ziemke. Groß-Oktav. 138 Seiten. 1927 . . . . RM. 5.—

Nr. 47:

Entwurf eines griechischen Strafgesetzbuches. Übersetzt und eingeleitet von Demetrius G. Venturas, Rechtsanwalt in Korfu, Griechenland. Groß-Oktav. 123 Seiten. 1928 . . . . RM. 7.—

Nr. 48:

Italienischer Vorentwurf zu einem neuen Strafgesetzbuch. (Progetto di un nuovo codice penale.) In deutscher Übersetzung von Dr. K. Bunge, Landgerichtsrat in Berlin. Groß-Oktav. XXXII, 244 Seiten. 1928 . . . . RM. 10.—

Nr. 49:

Strafgesetzbuch (Ugolownyj Kodex) **der Russischen Sozialistischen Föderativen Sowjet-Republik** (R.S.F.S.R.) vom 22. November 1926, übersetzt von Dr. Wilhelm Gallas, Gerichtsassessor in Berlin. Groß-Oktav. 68 Seiten. 1930 . . . . RM. 4.—

Nr. 50:

Das Italienische Strafgesetzbuch vom 19. Oktober 1930. In deutscher Übersetzung von Dr. K. Bunge, Landgerichtsdirektor in Berlin. Groß-Oktav. 227 Seiten. 1933 . . . . RM. 7.—

Nebengesetze

Lindemann, Otto, **Sammlung der wichtigsten preußischen Strafgesetze.** Zweite Auflage. Taschenformat. 372 Seiten. 1912. (Guttentagsche Sammlung Preußischer Gesetze Bd. 34.) . . . . Geb. RM. 3.15

Fraustädter, Werner, **Deutsches Auslieferungsgesetz** vom 23. Dezember 1929 und andere neuere Vorschriften der Rechtshilfe in Strafsachen, einschließlich der Auslieferung. Textausgabe mit Einleitung, Erläuterungen und Sachregister. Taschenformat. 143 Seiten. 1930. (Guttentagsche Sammlung Deutscher Reichsgesetze Bd. 86.) . Geb. RM. 3.60

Lindemann, Otto, **Polizeiverordnungen in Preußen.** Zweite Auflage. Taschenformat. 189 Seiten. 1912. (Guttentagsche Sammlung Preußischer Gesetze Bd. 36.) . . . . Geb. RM. 2.25

Handwörterbuch der Kriminologie und der anderen strafrechtlichen Hilfswissenschaften. Unter Mitberatung von Justizrat Dr. Drucker, Leipzig, Professor Dr. Graf Gleispach, Wien, Generalstaatsanwalt Dr. Hafner, Karlsruhe, Oberverwaltungsgerichtsrat Dr. Hagemann, Berlin, Reichsgerichtsrat Dr. Hartung, Leipzig, Professor Dr. Kohlrausch, Berlin, Professor Dr. Müller-Heß, Berlin, herausgegeben von Dr. jur. Alexander **Elster** in Berlin und Oberstaatsanwalt Heinrich **Lingemann** in Essen. Lexikon-Oktav.
Das „Handwörterbuch der Kriminologie" wird zwei Bände umfassen und erscheint in etwa 12—15 Lieferungen von je 7 Druckbogen zum Preise von je RM. 6.—. Es soll Ende 1934 abgeschlossen vorliegen. I. Band: Aberglaube bis Kriminalpsychologie. Mit Sachregister zu Band I . . . . RM. 50.—, geb. RM. 55.—

„Zu diesem Handwörterbuch der Kriminologie muß ich nach eingehender Durchsicht bekennen, daß mit der vorliegenden 1. Lieferung zweifellos der Anfang zu einem wohl beispiellosen Handbuch geschaffen ist. Durch die Einzelartikel namhafter Gelehrter, praktischer Kriminalisten und Juristen usw., wird dieses Buch dem Leser die einzelnen Probleme der Kriminalpraxis in ihrem ganzen Umfange

vor Augen führen. In klarer Form unter reichster Literaturangabe verspricht die erste Lieferung ein vortreffliches Nachschlagewerk zu werden. Die Beschaffung dieses Buches kann wärmstens empfohlen werden." *Deutsches Polizei-Archiv Nr. 12, v. 25. VI. 1932.*

Abhandlungen des Kriminalistischen Instituts an der Universität Berlin. Herausgegeben von Dr. **Franz von Liszt,** o. Professor der Rechte. Sonderverzeichnis kostenlos. Vierte Folge. I. Band.

Heft 1:
Dannenberg, Herbert, **Liberalismus und Strafrecht im 19. Jahrhundert unter Zugrundelegung der Lehren Karl Georg von Waechters.** Oktav. IV, 66 Seiten. 1925 . . . . RM. 3.—

Heft 2:
Tarnowski, Hans, **Die systematische Bedeutung der adäquaten Kausalitätstheorie für den Aufbau des Verbrecherbegriffs.** Oktav. X, 340 Seiten. 1927 . . . . RM. 18.—

Heft 3:
Ehrlich, Lore, **Der Verrat von Betriebsgeheimnissen nach englischem und nordamerikanischem Recht.** Oktav. VIII, 75 Seiten. 1930. RM. 4.—

Heft 4:
Kuttner, Stephan, **Die juristische Natur der falschen Beweisaussage.** Ein Beitrag zur Geschichte und Systematik der Eidesdelikte, zugleich zur Frage einer Beschränkung der Strafbarkeit auf erhebliche falsche Aussagen. Oktav. VI, 76 Seiten. 1931 . RM. 6.—

Vierte Folge II. Band.

Heft 1:
Gallas, Wilhelm, **Kriminalpolitik und Strafrechtssystematik** unter besonderer Berücksichtigung des sowjetrussischen Rechts. Oktav. VIII, 88 Seiten. 1931 . . . . RM. 5.—

Heft 2:
Goldschmidt, Werner, **Das Bewußtsein der Rechtswidrigkeit** entwickelt an der Lehre vom Hausfriedensbruch. Oktav XI, 51 Seiten. 1931. RM. 4.—

Heft 3:
Hoefer, Friedrich, **Bewährungsfrist vor dem Urteil.** Oktav. 90 Seiten. 1931 . . . . RM. 4.—

Heindl, Robert, **System und Praxis der Daktyloskopie** und der sonstigen technischen Methoden der Kriminalpolizei. Dritte, neubearbeitete und vermehrte Auflage. 900 Abbildungen im Text und 21 Bildertafeln. 780 Seiten. Groß-Oktav. 1927 . . . . RM. 36.—, geb. RM. 40.—

Kleine kriminalistische Bücherei.

Band 1:
Schneickert, Hans, **Die strafrechtlichen Aufgaben der Polizei.** Für den Polizeiunterricht und die Polizeipraxis. Taschenformat. 182 Seiten. 1921. RM. 2.—

Band 2:
Philipp, Lothar, **Beobachtungs- und Ermittlungspraxis im Polizei- und Detektivdienst.** Taschenformat. 180 Seiten. 1923 . . . RM. 2.—

Band 3:
Manteuffel, H. v., **Falschspieler.** Formen und Technik des Spielbetruges, nebst einem Anhange: Der Spielprofessor und sein angeblich sicheres System beim Spiele gegen eine öffentliche Roulettebank. Taschenformat 90 Seiten. 1923 . . . . RM. 2.—

Band 4:
Schneickert, Hans, **Kriminalistische Spurensicherung.** Sammlung dienstlicher Anweisungen und sachverständiger Ratschläge für den Dienstgebrauch und für Polizeischulen. Zweite, vermehrte und verbesserte Auflage. Taschenformat. 96 Seiten. Mit 2 Abbildungen. 1925. Geb. RM. 3.—

Band 5:
Rehfeld, P., **Gerichtsärztliche Tatbestandsfeststellungen** im Dienste der Polizei. Ein Leitfaden für Polizei- und Kriminalbeamte. Taschenformat. 133 Seiten. 1927 . . . . Geb. RM. 3.50

Strafprozeßordnung

Kohlrausch, Eduard, **Strafprozeßordnung** und Gerichtsverfassungsgesetz. Textausgabe mit Einleitung, Anmerkungen und Nebengesetzen. In Verbindung mit Dr. Hermann Mannheim, Kammergerichtsrat und Professor in Berlin. Dreiundzwanzigste Auflage (105. bis 108. Tausend). Taschenformat. VIII, 506 Seiten. 1933. (Guttentagsche Sammlung Deutscher Reichsgesetze Bd. 12.) . . . . RM. 6.75

„Diese allgemein bekannte und verbreitete Textausgabe mit Anmerkungen hat nunmehr eine Auflageziffer von 100000 Exemplaren überschritten, sicherlich doch wohl der beste Beweis für die Beliebtheit, Wertschätzung und Anerkennung, deren sie sich in weitesten Kreisen erfreut. Die schon oft anerkannten Vorzüge dieser Erläuterungsausgabe lassen sie für jeden Juristen, mag er in der Praxis stehen oder sich erst noch im Studium oder in der Ausbildung befinden, von gleich großem Wert erscheinen."
Mitteilungen d. Preuß. Richtervereins Nr. 6, v. 20. VI. 1930.

Doerner, Karl, **Die Strafprozeßordnung** in der ab 1. Januar 1934 geltenden Fassung nebst Gerichtsverfassungsgesetz und den wichtigsten Nebengesetzen. Textausgabe mit Einleitung, Verweisungen und ausführlichem Sachregister unter Berücksichtigung sämtlicher Notverordnungen. Taschenformat. XXIV, 308 Seiten. 1934. (Guttentagsche Sammlung von Textausgaben ohne Anmerkungen mit Sachregister.) . . . . Geb. RM. 2.50

Die neue Textausgabe der StPO. in der Guttentagschen Sammlung berücksichtigt alle Änderungen einschließlich des Gesetzes gegen Gewohnheitsverbrecher und über Maßregeln der Sicherung und Besserung. Die Texte der StPO., des GVG. und der wichtigsten Nebengesetze sind, wie stets in den Bänden der Guttentagschen Sammlung, absolut zuverlässig wiedergegeben. Ebenso sorgfältig wurden die Verweisungen redigiert, die u. a. alle Änderungen und Neuerungen gegenüber der alten Fassung deutlich kennzeichnen. Eine den Werdegang und die Bedeutung der Neufassung darlegende Einleitung und das Sachregister erhöhen die praktische Brauchbarkeit des Bandes. Die Herausgabe wurde von einem Sachbearbeiter des Reichsjustizministeriums besorgt.

Feisenberger, Albert, **Strafprozeßordnung und Gerichtsverfassungsgesetz.** Handkommentar. Groß-Oktav. IX, 517 Seiten. 1926. Mit Nachtrag. 1927. (de Gruytersche Sammlung Deutscher Gesetze. Handkommentare.) . . . . Geb. RM. 15.30

Beling, E., **Deutsches Reichsstrafprozeßrecht** mit Einschluß des Strafgerichtsverfassungsrechts. Oktav. XIV, 568 Seiten. 1928. (Lehrbücher und Grundrisse der Rechtswissenschaft Bd. XVII.)
RM. 13.50, geb. RM. 14.80

Rosenfeld, E. H., **Deutsches Strafprozeßrecht.** 2 Bände. 128 und 148 Seiten. 1926. (Sammlung Göschen Bd. 938/939.) . . Geb. je RM. 1.62

Löwe, F., und **Rosenberg,** Werner, **Die Strafprozeßordnung für das Deutsche Reich** vom 22. März 1924 nebst dem Gerichtsverfassungsgesetz. Kommentar. Neunzehnte, völlig umgearbeitete Auflage.
Von Hans Gündel, Senatspräsident am Reichsgericht, Dr. jur. h. c. Fritz Hartung, Reichsgerichtsrat, Heinrich Lingemann, Oberstaatsanwalt, Emil Niethammer, Reichsgerichtsrat. Lexikon-Oktav. XII, 1544 Seiten. 1934. . . . . In Halbleder geb. RM. 63.—

Die 19. Auflage des einzigen bis zur Gegenwart durchgeführten großen Kommentars zur Strafprozeßordnung ist in allen Teilen, auch in den von Gesetzgebung und Rechtsprechung der letzten Jahre nicht oder wenig berührten, eine völlige Umarbeitung. Die Erläuterungen sind entlastet, geordnet und übersichtlicher aufgebaut. Sämtliche bis zum Schluß des Jahres 1933 ergangenen Gesetze und Notverordnungen, die die StPO. und das GVG. ändern oder berühren, sind berücksichtigt. Das Ausführungsgesetz zu dem Gesetz gegen gefährliche Gewohnheitsverbrecher und über Maßregeln der Sicherung und Besserung vom 24. November 1933, das Gesetz zur Einschränkung der Eide im Strafverfahren vom 24. November 1933 und das Gesetz über die Zuständigkeit der Gerichte bei Änderungen der Gerichtseinteilung vom 6. Dezember 1933 sind in einer besonderen Abteilung erläutert.

Feisenberger, Albert, **Strafprozeßordnung und Gerichtsverfassungsgesetz, in alter und neuer Fassung** synoptisch gegenübergestellt. Mit ausführlichem Sachregister. Taschenformat. 265 Seiten. 1924. Mit Nachtrag. 1927. (Guttentagsche Sammlung Deutscher Reichsgesetze Bd. 158.) . . . . Geb. RM. 4.05

Aschrott, P. F., **Die Reform des Strafprozesses.** Kritische Besprechungen der von der Kommission für die Reform des Strafprozesses gemachten Vorschläge. Auf Veranlassung der Internationalen Kriminalistischen Vereinigung, Gruppe Deutsches Reich. Groß-Oktav. XII, 120 und 784 Seiten. 1906 . . . . RM. 12.—

Beiträge zur Reform des Strafprozesses. Herausgegeben von Dr. Franz **Adickes**, Dr. P. F. **Aschrott**, Dr. K. **von Lilienthal**, Dr. Fr. **von Liszt**. 2 Bände. Groß-Oktav. I. Bd. Heft 1—6. 1908. RM. 9.70. — II. Bd. Heft 1—5. 1909. RM. 15.10.

Boehringer, Margrit, **Die Eidesreform im Strafprozeß und Strafrecht.** Oktav. 203 Seiten. 1931 . . . . RM. 10.—

Frede, L., u. **Grünhut**, M., **Reform des Strafvollzugs.** Kritische Beiträge zu dem Amtlichen Entwurf eines Strafvollzugsgesetzes. Oktav. VII, 264 Seiten. 1927 . . . . RM. 10.—

VI. Öffentliches Recht.

1. Staats- und Völkerrecht.

Fischbach, O. G., **Allgemeine Staatslehre.** Zweite Auflage. 136 Seiten. 1928. (Sammlung Göschen Bd. 358.) . . . . . Geb. RM. 1.62

Fischbach, O. G., **Allgemeines Staatsrecht.**
1. Teil. 139 Seiten. 1923. (Sammlung Göschen Bd. 415.) Geb. RM. 1.62
2. Teil. 151 Seiten. 1923. (Sammlung Göschen Bd. 416.) Geb. RM. 1.62

Bühler, Ottmar, **Staatsrechtliche Gesetze** des Reiches und Preußens nebst **Gewerbeordnung und Gaststättengesetz.** Textausgabe mit einführenden Bemerkungen, Paragraphenüberschriften und Sachregister. Taschenformat. XI, 748 Seiten. 1931. (Lehrausgaben Deutscher Gesetze, Bd. 3a.) . . . . Geb. RM. 7.—

Bühler, Ottmar, **Staatsrechtliche Gesetze** des Reiches und Preußens nebst **Gewerbeordnung und Gaststättengesetz.** Textausgabe mit einführenden Bemerkungen, Paragraphenüberschriften und Sachregister. Taschenformat. XII, 1430 Seiten. 1931. (Lehrausgaben Deutscher Gesetze. Bd. III u. III a.) . . . . Geb. RM. 14.—

Bühler, Ottmar, **Neue staatsrechtliche Gesetze** des Reichs und Preußens (1933). Nebst den wichtigsten neuen Verwaltungsgesetzen

Preußens (1932/1933). Textausgabe mit Paragraphenüberschriften und Sachregister. Oktav. 126 Seiten. 1933. Lehrausgaben Deutscher Gesetze 3b (Ergänzung zu den Bänden 3 und 3a: Staats- und verwaltungsrechtliche Gesetze des Reichs und Preußens sowie Gewerbeordnung) . . . . RM. 3.—

Der neue Band der „Lehrausgaben deutscher Gesetze" enthält die gesamten Texte zu den Staatsrechtsgesetzen des Reichs und Preußens, die im Verlaufe der nationalen Revolution seit Februar 1933 veröffentlicht wurden, ferner der evangelischen Kirchenverfassung und des Reichskonkordats. Angefügt sind die wichtigsten neuen Verwaltungsgesetze Preußens von der Gemeindefinanzordnung vom 2. XI. 1932 an bis zu den jüngsten, das Führerprinzip in der Kommunalverwaltung durchführenden Regelungen vom Sommer 1933. —

Stier-Somlo, Fritz, **Deutsches Reichs- und Landesstaatsrecht I.** Oktav. XVI, 726 Seiten. 1924. (Lehrbücher und Grundrisse der Rechtswissenschaft Bd. XVIII.) . . . . RM. 14.80, geb. RM. 16.20

Stier-Somlo, Fritz, **Reichsstaatsrecht.** I. Grundbegriffe des Staatsrechts. Verfassungsgeschichte vom Ende des 18. Jahrhunderts bis zur Reichsverfassung vom 11. August 1919. 108 Seiten. 1927. (Sammlung Göschen Bd. 967.) . . . . Geb. RM. 1.62

II. Das geltende Reichsstaatsrecht. 114 Seiten. 1927. (Sammlung Göschen Bd. 968.) . . . . Geb. RM. 1.62

Stier-Somlo, Fritz, **Preußisches Staatsrecht.** Zweite Auflage. 136 Seiten. 1927. (Sammlung Göschen Bd. 298.) . . . . . Geb. RM. 1.62

Die Verfassung des Deutschen Reichs vom 11. August 1919 **mit den wichtigsten Nebengesetzen.** Textausgabe mit Einleitung und Sachregister. Dritte Auflage. Taschenformat. 104 Seiten. 1931. (Guttentagsche Sammlung von Textausgaben ohne Anmerkungen mit Sachregister.) . . . . RM. 0.90

Paterna, E., **Neuerungen zur Reichsverfassung.** Textausgabe mit Einleitung und Sachregister. (Zugleich Nachtrag zu den Ausgaben der Reichsverfassung in der Guttentagschen Sammlung Deutscher Reichsgesetze.) Abgeschlossen am 31. Juli 1933. Taschenformat. II u 78 Seiten . . . . RM. 1.80

Arndt, Adolf, **Die Verfassung des Deutschen Reiches.** Dritte Auflage. Taschenformat. 1927. (Guttentagsche Sammlung Deutscher Reichsgesetze Bd. 137.) . . . . RM. 7.20

Stier-Somlo, Fritz, Kommentar zur Verfassung des Freistaates Preußen. Groß-Oktav 319 Seiten. 1921 . . . . Geb. RM. 3.—

Arndt, Adolf, **Die Verfassung des Freistaats Preußen** vom 30. November 1920. Mit Einleitung, vollständigem Kommentar, Landeswahlgesetz und Sachregister. Taschenformat. 158 Seiten. 1921. (Guttentagsche Sammlung Preußischer Gesetze Bd. 1.) . . . Geb. RM. 1.80

Veröffentlichungen der Vereinigung deutscher Staatsrechtslehrer.
Heft 1: Der deutsche Föderalismus. Oktav. 1924 . . . RM. 5.—

Heft 2: Der Schutz des öffentlichen Rechts. Oktav. 1925. RM. 12.—

Heft 3: Die Gleichheit vor dem Gesetz. Der Einfluß des Steuerrechts auf die Begriffsbildung des öffentlichen Rechts. Oktav. 1927. RM. 7.—

Heft 4: Das Recht der freien Meinungsäußerung. — Der Begriff des Gesetzes in der Reichsverfassung. Oktav. 1928 . . . . . RM. 10.—

Heft 5: Wesen und Entwicklung der Staatsgerichtsbarkeit. — Überprüfung von Verwaltungsakten durch die ordentlichen Gerichte. Oktav. 1929 . . . . RM. 12.—

Heft 6: Bundesstaatliche und gliedstaatliche Rechtsordnung. Verwaltungsrecht der öffentlichen Anstalt. Berichte von Fritz Fleiner, Josef Lukas, Lutz Richter und Arnold Köttgen. Verhandlungen der Tagung der deutschen Staatsrechtslehrer zu Frankfurt a. M. am 25. und 26. April 1929. Mit einem Auszug aus der Aussprache. Oktav. IV, 166 Seiten. 1929 . . . . RM. 9.—

Heft 7: Entwicklung und Reform des Beamtenrechts. — Die Reform des Wahlrechts. Berichte von Hans Gerber, Adolf Merkl, Heinrich Pohl und Gerhard Leibholz. Verhandlungen der Tagung der Deutschen Staatsrechtslehrer zu Halle am 28. und 29. Oktober 1931. Mit einem Auszug aus der Aussprache. Oktav IV, 212 Seiten. 1932. RM. 10.80

Sehling, Emil, **Kirchenrecht.** Zweite Auflage.
I. Teil. Einleitung. Quellen, Verfassung und Verwaltung der katholischen Kirche. Anhang: Die griechisch-orthodoxe Kirche. 119 Seiten. 1922. (Sammlung Göschen Bd. 377.) . . . . Geb. RM. 1.62
II. Teil: Das evangelische Kirchenrecht. Die Stellung des Staates zur Kirche und das Verhältnis der Religionsgesellschaften zueinander. 87 Seiten. 1927. (Sammlung Göschen Bd. 954.) . . . Geb. RM. 1.62

Edler v. Hoffmann, H., **Deutsches Kolonialrecht.** 150 Seiten. 1907. (Sammlung Göschen Bd. 318.) . . . . Geb. RM. 1.62

Wörterbuch des Völkerrechts und der Diplomatie. Begonnen von Professor Dr. Julius **Hatschek** †. Fortgesetzt und herausgegeben von Dr. **Karl Strupp,** Professor an der Universität Frankfurt a. M., Associé de l'institut de droit international, membre de l'Academie Diplomatique Internationale. Lexikon-Oktav.

Band I: Aachen—Lynchfall. VI, 860 Seiten. 1924.
RM. 35.—, in Halbleder geb. RM. 40.—

Band II: Maas—Utschiali. 779 Seiten. 1925.
RM. 35.—, in Halbleder geb. RM. 40.—

Band III (Schluß): Vasallenstaaten—Zwangsverschickung. Ferner Anhang: Abessinien—Weltgerichtshof; Sachverzeichnis und Mitarbeiterregister. II, 1316 Seiten. 1929.
RM. 62.—, in Halbleder geb. RM. 67.—

„Mit Stolz kann die deutsche Völkerrechtswissenschaft auf dieses Nachschlagewerk schauen. Die neuesten Probleme des Völkerrechts — und deren sind nicht wenige — die bedeutsamsten Rechtsvorgänge und Präjudizien, die Herausbildung ganz neuer Rechtsinstitute und die völkerrechtliche wie diplomatisch-politische Geschichte haben mit bis in die jüngste Zeit reichenden ausführlichen Literaturangaben im Struppschen Wörterbuch ihren Niederschlag gefunden."
Niemeyers Ztsch. f. internat. Recht Band 33, Heft 5—6, 1925.

Anzilotti, D., **Lehrbuch des Völkerrechts.** Übersetzt und herausgegeben vom Institut für ausländisches öffentliches Recht und Völkerrecht, Berlin. I. Band. Groß-Oktav. 444 Seiten. 1829. RM. 17.—, geb. RM. 18.—

Niemeyer, Theodor, **Völkerrecht.** 168 Seiten. 1925. (Sammlung Göschen Bd. 865.) . . . . Geb. RM. 1.62

Edmunds, Sterling, E., **Das Völkerrecht — ein Pseudorecht.** Autorisierte Übersetzung des amerikanischen Werkes The Lawless Law of Nations (1925) von Cornelia Bruns. Oktav. VI, 465 Seiten. 1932 . . . . Geb. RM. 6.—

Beiträge zum ausländischen öffentlichen Recht und Völkerrecht. Herausgegeben im Auftrage des Instituts für ausländisches öffentliches Recht und Völkerrecht in Berlin in Gemeinschaft mit Friedrich Glum, Ludwig Kaas, Rudolf Smend, Heinrich Triepel von Viktor **Bruns.** Groß-Oktav.

Eine Sammlung einschlägiger wissenschaftlicher Abhandlungen, Materialsammlungen, Übersetzungen besonders wertvoller ausländischer Werke u. a.

Heft 1:
Triepel, H., **Staatsrecht und Politik.** Rede beim Antritt des Rektorats der Friedrich-Wilhelms-Universität zu Berlin am 15. Oktober 1926. 40 Seiten. 1927 . . . . RM. 2.—

Heft 2:
Schmitt, Carl, **Volksentscheid und Volksbegehren.** Ein Beitrag zur Auslegung der Weimarer Verfassung und zur Lehre von der unmittelbaren Demokratie. 54 Seiten. 1927 . . . . RM. 2.60

Heft 3:
Heck, K., **Der Aufbau des britischen Reiches.** (Der Verhandlungsbericht der Reichskonferenz von 1926.) 152 Seiten. 1927. RM. 6.—

Heft 4:
Heller, H., **Die Souveränität.** Ein Beitrag zur Theorie des Staats- und Völkerrechts. 177 Seiten. 1927. . . . . RM. 8.50

Heft 5:
Grentrup, Theodor, **Die Missionsfreiheit** nach den Bestimmungen des geltenden Völkerrechts. 112 Seiten. 1928 . . . . RM. 5.50

Heft 6:
Robinson, Jakob, **Das Minoritätenproblem** und seine Literatur. Kritische Einführung in die Quellen und die Literatur der europäischen Nationalitätenfrage der Nachkriegszeit, unter besonderer Berücksichtigung des völkerrechtlichen Minderheitenschutzes.
Allgemeiner Teil. 265 Seiten. 1928 . . . . RM. 9.—

Heft 7:
Bilfinger, Karl, **Der Reichssparkommissar.** 68 Seiten. 1928. RM. 3.60

Heft 8:
Bumiller, J. M., **Die völkerrechtliche Stellung der fremden Truppen im Saargebiet.** 156 Seiten. 1928 . . . . RM. 9.—

Heft 9:
Das Recht des Ausnahmezustands im Auslande (Frankreich, Belgien, Niederlande, Italien, England, Irland). 296 Seiten. 1928. RM. 14.—

Heft 10:
Gerland, B., **Die Beziehungen zwischen dem Parlament und den Gerichten in England.** Eine rechtsvergleichende Studie. 137 Seiten. 1928. RM. 8.—

Heft 11:
Leibholz, Gerhard, **Zu den Problemen des fascistischen Verfassungsrechts.** Akademische Antrittsvorlesung. 112 Seiten. 1928. RM. 5.—

Heft 12:
Glum, Friedrich, **Der deutsche und der französische Reichswirtschaftsrat.** Ein Beitrag zu dem Problem der Repräsentation der Wirtschaft im Staat. 188 Seiten. 1929 . . . . RM. 9.—

Heft 13:
Leibholz, Gerhard, **Das Wesen der Repräsentation** unter besonderer Berücksichtigung des Repräsentativsystems. Ein Beitrag zur allgemeinen Staats- und Verfassungslehre. Groß-Oktav. 214 Seiten. 1929. RM. 14.—

Heft 14:
Schenk, v. Stauffenberg, G., **Das Recht der russischen Handelsvertretungen.** Oktav. 95 Seiten. 1930 . . . . RM. 6.—

Heft 15:

Hsü Dau-Lin, Die Verfassungswandlung. Oktav. 182 Seiten. 1932. RM. 5.40

Heft 16:

Menzel, Kurt, **Das deutsche Vorkriegs-Vermögen in Rußland und der deutsche Entschädigungsvorbehalt.** Eine Übersicht, zugleich über die Entschädigungsbemühungen der anderen Staaten. Oktav. IV, 236 Seiten. 1931 . . . . RM. 9.—

Heft 17:

Kaufmann, Erich, **Zur Problematik des Volkswillens.** Oktav. 19 Seiten. 1931 . . . . RM. 1.50

Heft 18:

Braunias, Karl, **Das parlamentarische Wahlrecht.** Ein Handbuch über die Bildung der gesetzgebenden Körperschaften in Europa. I. Band: Das Wahlrecht in den einzelnen Staaten. XVIII, 640 Seiten. 1932. RM. 22.50, geb. RM. 24.30

II. Band: Allgemeiner Teil. XII, 332 Seiten. 1932. RM. 15.—, geb. RM. 17.—

Kraus, H., **Internationale Schiedssprechung.** Eine Sammlung der für das Deutsche Reich verbindlichen Verträge und Vertragsbestimmungen, die sich auf internationale Gerichtsbarkeit, Schiedsgerichtsbarkeit, sowie Vergleichsverfahren beziehen, nebst den dazugehörigen deutschen Regierungsdenkschriften. Taschenformat. XXXVI, 348 Seiten. 1929. (Guttentagsche Sammlung Deutscher Reichsgesetze Bd. 174.) . . . . Geb. RM. 9.—

„Die vorliegende Dokumentensammlung füllt eine Lücke aus, da es bisher schwer war, alle schiedsrichterlichen Verpflichtungen des Deutschen Reiches auf einmal einzusehen.“ Friedenswarte. 1929.

Strupp, Karl, **Das Werk von Locarno.** Eine völkerrechtlich-politische Studie. Oktav. 180 Seiten. 1926 . . . . RM. 10.—

Sering, Max, **Deutschland unter dem Dawes-Plan.** Entstehung, Rechtsgrundlagen, wirtschaftliche Wirkungen der Reparationslasten. Oktav. VIII, 237 Seiten. 1928 . . . . RM. 10.—

„Nicht nur dem Juristen und Volkswirtschaftler, sondern auch dem Laien verständlich, gibt das Werk einem jeden wertvollen Einblick in Deutschlands wirtschaftspolitische Abhängigkeit, die sich bis in die kleinsten Betriebe hineinzieht, die jedes einzelne Glied des deutschen Volkes betrifft.“ Prakt. Rundschau v. 25. III. 1929.

2. Verwaltungsrecht.

a) Reichsrecht

Fischbach, O. G., **Das Reichsbeamtengesetz vom 31. März 1873 in der Fassung der Bekanntmachung vom 18. Mai 1907 mit allen Abänderungen und Ergänzungen.** Taschenformat. 311 Seiten. 1930. (Guttentagsche Sammlung Deutscher Reichsgesetze, Bd. 82.) Geb. RM. 5.40

Die vorliegende Erläuterung des Beamtengesetzes entspricht den neuesten Fortschritten der Wissenschaft und Rechtsprechung. Bemerkenswert ist, daß auch verwandte Gesetze und Verordnungen der einheitlichen Erläuterung unterzogen wurden, so daß dieses Buch für die Praxis ein der Sache wie der Erläuterungsart wichtiges Hilfsmittel darstellt.

Fischbach, O. G., **Das Reichsgesetz zur Wiederherstellung des Berufsbeamtentums** vom 7. April 1933 in der Fassung des Reichsgesetzes vom 23. Juni 1933 nebst allen Durchführungsverordnungen. Taschenformat. VIII, 134 Seiten. 1933. (Guttentagsche Sammlung Deutscher Reichsgesetze, Bd. 82 a.) . . . . Geb. RM. 3.—

Der neue Band der Guttentagschen Sammlung bringt eine ausführliche und sachkundige Erläuterung des „Gesetzes zur Wiederherstellung des Berufsbeamtentums" vom 7. 4. 1933 und der dazu erlassenen Durchführungsverordnungen. Er bietet als selbständiger Erläuterungsband allen Dienststellen der Behörden und der Beamtenschaft die notwendige Unterrichtung über Inhalt und Tragweite jeder einzelnen einschlägigen Bestimmung. Darüber hinaus dient die Ausgabe als Ergänzung der in fast allen Behördenbüchereien vorhandenen Handausgabe des Reichsbeamtengesetzes von Fischbach aus dem Jahre 1930.

Fischbach, O. G., **Änderung von Vorschriften auf dem Gebiete des allgemeinen Beamten-, Besoldungs- und Versorgungsrechts.** Reichsgesetz vom 30. Juni 1933. Taschenformat. 276 Seiten. 1933. (Guttentagsche Sammlung Deutscher Reichsgesetze, Nr. 82b.) . . . . . . RM. 6.—

Das Gesetz vom 30. 6. d. J. enthält nicht nur eine Sammlung von Nachträgen und Verbesserungen, sondern darüber hinaus eine grundlegende Neuordnung von beamtenpolitisch wie finanziell wichtigen Materien des Beamtenrechts.

Durch eingehende und sachkundige Erläuterungen, die u. a. die amtliche Begründung berücksichtigen, ferner durch Abdruck von einschlägigen Gesetzen, Verordnungen und Durchführungsbestimmungen und durch Anfügung eines Sachregisters wird die Ausgabe zu einem in das Gesetz einführenden und jede Zweifelsfrage zuverlässig beantwortenden Berater der Behördenpraxis.

Delius, H., **Die Beamtenhaftpflichtgesetze** des Reiches und der Länder. Vierte, vermehrte und vollkommen neubearbeitete Auflage. Taschenformat. 384 Seiten. 1929. (Guttentagsche Sammlung Deutscher Reichsgesetze Bd. 94.) . . . . Geb. RM. 9.—

Blume, E., und **Weirauch,** W., **Die Eisenbahn-Verkehrsordnung** vom 16. Mai 1928 mit Allgemeinen Ausführungsbestimmungen sowie dem Internationalen Übereinkommen über den Eisenbahnfrachtverkehr vom 30. Mai 1925 und dem Internationalen Übereinkommen über den Eisenbahn-Personen- und Gepäckverkehr vom 12. Juni 1925. Textausgabe mit Anmerkungen. Vierte Auflage. Taschenformat. X, 482 Seiten. 1928. (Guttentagsche Sammlung Deutscher Reichsgesetze Bd. 91.) Geb. RM. 8.10

Fischer, D., und **Staedler,** E., **Die deutsche Post- und Telegraphengesetzgebung.** Teil I: Postrecht (mit Ausschluß des internationalen Rechts). Siebente Auflage. 47*, 586 Seiten. 1929. Mit Nachtrag 1932. (Guttentagsche Sammlung Deutscher Reichsgesetze Bd. 7.) Geb. RM. 13.50
Teil II: **Telegraphen- und Fernsprechrecht** (mit Ausschluß des internationalen Rechts). Taschenformat. 495 Seiten. 1930. (Guttentagsche Sammlung Deutscher Reichsgesetze Band 7a.) . . RM. 11.70

Sebba, Julius, **Seewasserstraßenordnung.** (Polizeiverordnung zur Regelung des Verkehrs auf den deutschen Seewasserstraßen vom 31. März 1927.) Taschenformat. 493 Seiten. 1928. (Guttentagsche Sammlung Deutscher Reichsgesetze Bd. 171.) . . . . Geb. RM. 7.65

Busse, Rudolf, **Luftrecht einschließlich Luftverkehrsgesetz und Pariser Luftverkehrsabkommen.** Taschenformat. XVIII, 448 Seiten. 1928. (Guttentagsche Sammlung Deutscher Reichsgesetze Bd. 170.) Geb. RM. 9.—

Volkmann, Kurt, **Die Straßenverkehrsordnungen** nebst den einschlägigen **Nebenbestimmungen. Taschenformat. 312 Seiten. 1929. (Guttentagsche** Sammlung Deutscher Reichsgesetze Bd. 175.) . . . . Geb. RM. 6.30

„Das übersichtliche Werkchen, das uns eine schnelle Information über auftauchende Rechtsfragen auf diesem besonderen Verkehrgebiete verschafft, kann Polizeibeamten, Gerichten, Anwälten, Fuhrwerksbesitzern,

Kraftfahrern und Radfahrern zur Anschaffung empfohlen werden."
Verkehrsrechtl. Rundschau Nr. 5, 1929.

Holzapfel, W., **Die Siedlungsgesetzgebung** im Reich und in Preußen. 347 Seiten. 1920. (Guttentagsche Sammlung Deutscher Reichsgesetze Bd. 140.) . . . . Geb. RM. 2.70

Behrend, Ernst, und **Stranz-Hurwitz,** Helene, **Sammlung von Wohlfahrtsgesetzen** des Deutschen Reichs und Preußens nebst den allgemeinen Wohlfahrtsgesetzen von Sachsen, Thüringen, Hamburg, Mecklenburg-Schwerin und -Strelitz, Oldenburg, Lippe und Lübeck.
Teil I: Taschenformat. 560 Seiten. 1923 . . . . . Geb. RM. 4.50
Teil II: Nebst Ausführungsgesetzen sämtlicher Länder zum Reichsjugendwohlfahrtsgesetz. Taschenformat. XVI, 551 Seiten. 1925. (Guttentagsche Sammlung Deutscher Reichsgesetze Bd. 152 und 152a.) Geb. RM. 8.10
Teil I und II zus. RM. 10.80

Wegner, Arthur, **Jugendrecht.** Ein Lehrbuch zur Einführung. Oktav. IX, 219 Seiten. 1929 . . . . RM. 5.40, geb. RM. 6.75

Drewes, Paul, und **Sandré,** Emil, **Das Reichsgesetz für Jugendwohlfahrt** vom 9. Juli 1922 und **Jugendgerichtsgesetz** vom 16. Februar 1923 nebst Nebengesetzen. Zweite Auflage. Taschenformat. XVI, 496 Seiten. 1928. (Guttentagsche Sammlung Deutscher Reichsgesetze Bd. 154.) Geb. RM. 9.90

Sandré, Emil **Verordnung über die Fürsorgepflicht.** Vom 14. Februar 1924. Mit Einschluß der für die Durchführung dieser Verordnung in Frage kommenden reichs- und landesgesetzlichen Bestimmungen. Taschenformat. 342 Seiten. 1925. (Guttentagsche Sammlung Deutscher Reichsgesetze Bd. 160.) . . . . Geb. RM. 5.40

Szczesny, Viktor, **Das Lichtspielgesetz** vom 12. Mai 1920 mit der Ausführungsverordnung Einleitung, Gebührenordnung und Sachregister. Taschenformat. 106 Seiten. 1920. (Guttentagsche Sammlung Deutscher Reichsgesetze Bd. 147.) . . . . Geb. RM. 1.35

Wündisch, Ernst, **Das Gesetz über Schußwaffen und Munition** vom 12. April 1928 (RGBl. I S. 143) nebst der Ausführungsverordnung der Reichsregierung vom 13. Juli 1928 (RGBl. I S. 198) und dem Preußischen Erlaß zur Durchführung des Gesetzes vom 7. September 1928 (MBliV. S. 925). Taschenformat. 139 Seiten. 1928. (Guttentagsche Sammlung Deutscher Reichsgesetze Bd. 173.) . . . . Geb. RM. 4.50

Fraustädter, W., und **Kreutzberger,** M., **Das deutsche Ausländerrecht.** Die Bestimmungen des Reichsrechts und preußischen Landesrechts. Textausgabe mit Erläuterungen und Sachregister. Taschenformat. 396 Seiten. 1927. (Guttentagsche Sammlung Deutscher Reichsgesetze Bd. 166.) Geb. RM. 8.10

Voß, Werner, **Die reichs- und landesrechtlichen Bestimmungen auf dem Gebiete des Gesundheitswesens.** Zusammengestellt und mit Anmerkungen versehen. Taschenformat. 608 Seiten. 1929. (Guttentagsche Sammlung Deutscher Reichsgesetze Bd. 172.) . . . . . . Geb. RM. 9.90

Skopnik, H. von, Das deutsche **Reichs-Tierschutzgesetz** vom 24. November 1933 mit Begründung. Mit einem Vorwort von Horst Kuhlwein von Rathenow, Vorsitzender d. Deutschen Tierschutzvereins zu Berlin. Taschenformat. 59 Seiten. 1934. (Guttentagsche Sammlung Deutscher Reichsgesetze, Nr. 186.) . . . . RM. 1.50
Das Reichstierschutzgesetz gibt dem Tierschutz eine neue gesetzliche Grundlage, die den Auffassungen des Nationalsozialismus und den damit in Einklang stehenden Forderungen der Tierschutzbewegung entspricht. Die Tierschutzvereine haben jetzt die Handhabe für eine erfolgreiche Vertretung und Durchsetzung ihrer Grundsätze, sie und die Behörden können dem Tierquäler wirksam entgegentreten und

ihn notfalls der Bestrafung zuführen. Für die Anwendung des neuen Gesetzes genügt die Kenntnis seines Wortlautes nicht. Es erschien angebracht, den damit befaßten Stellen den Text mit der amtlichen Begründung und mit sachkundigen Erläuterungen in der Guttentagschen Sammlung zugängig zu machen.

Hippel, W. von, **Reichsviehseuchengesetz** vom 26. Juni 1909 nebst Ausführungsvorschriften und dem preußischen Ausführungsgesetz. Zweite Auflage. Taschenformat. 486 Seiten. 1913. (Guttentagsche Sammlung Deutscher Reichsgesetze Bd. 103.) . . . . Geb. RM. 3.60

Boxberger, L. von, **Vogelschutzgesetz** vom 30. Mai 1908 nebst den das Flugwild betreffenden Bestimmungen der Preußischen Jagdordnung. Taschenformat. 57 Seiten. 1909. (Guttentagsche Sammlung Deutscher Reichsgesetze Bd. 89.) . . . . Geb. RM. 0.90

b) Landesrecht

Bitter, von, **Handwörterbuch der Preußischen Verwaltung.** Dritte, vollständig umgearbeitete Auflage. Unter Mitwirkung zahlreicher hoher Reichs- und preußischer Staatsbeamten herausgegeben von Dr. Bill Drews, Staatsminister a. D., Präsident des Pr. Oberverwaltungsgerichts, und Dr. Franz Hoffmann, Wirklicher Geheimer Oberregierungsrat, Berlin. Lexikon-Oktav. 1928.
RM. 30.—, in Halbleder geb. RM. 36.—
Erster Band, 1. Halbband: Abbaugerechtigkeiten—Fleisch- und Viehagenten. 552 Seiten.
2. Halbband: Fleischvergiftung—Kyffhäuserbund. Seite 553 bis 1134 und IX Seiten.
Zweiter Band: Lackfabriken—Zwischenkredit. VII, 1220 Seiten.
(Im Verlage der Firmen: Walter de Gruyter & Co., Berlin; Carl Heymanns Verlag, Berlin; Roßberg'sche Verlagsbuchhandlung, Leipzig.)

Reichelt, H., Verwaltungsgesetzbuch für Preußen. Systematische Zusammenstellung der wichtigsten Verwaltungsgesetze und Verordnungen für Praxis und Unterrichtszwecke. Lexikon-Oktav. VII, 1302 Seiten. 1914 . . . . Geb. RM. 7.60

Friedrichs, K., Die Gesetzgebung über die allgemeine Landesverwaltung und Zuständigkeit der Verwaltungs- und Verwaltungsgerichtsbehörden. Dritte, durchgesehene Auflage. Taschenformat. XXIII, 295 Seiten. 1927. (Guttentagsche Sammlung Preußischer Gesetze Bd. 42.) Geb. RM. 4.50

von **Lympius, Wilhelm,** und **Küchenhoff, Günther, Gemeindeverfassungsgesetz und Gemeindefinanzgesetz.** Vom 15. Dezember 1933. Nebst Durchführungsbestimmungen und Ausführungsanweisungen zu beiden Gesetzen. Taschenformat. XIII, 573 Seiten. 1934. Geb. RM. 9.— (Guttentagsche Sammlung Preußischer Gesetze Band 68.)

Das Preußische Gemeindeverfassungsgesetz und das Gemeindefinanzgesetz hängen innerlich eng zusammen, so daß es nahe lag, beide Gesetze für den Gebrauch in der Praxis in einem Handkommentar zu vereinigen. Die bereits veröffentlichten Durchführungsbestimmungen und Ausführungsanweisungen zu beiden Gesetzen sind in der Ausgabe enthalten. Die Erläuterungen sind von auf diesem Gebiet tätigen Praktikern verfaßt. Sie kennzeichnen die allgemeine Bedeutung der Gesetze, die dem Neubau der Gemeindekörperschaften nach nationalsozialistischer Rechts- und Staatsauffassung die gesetzliche Grundlage geben und das Führerprinzip zur restlosen Durchführung bringen. Alle Einzelheiten sind in knapper dem täglichen Gebrauch dienlicher Form erläutert.

Pfafferoth, Carl, Preußische Beamtengesetzgebung. Fünfte Auflage. XIV, 280 Seiten. 1916. (Guttentagsche Sammlung Preußischer Gesetze Bd. 2.) . . . . Geb. RM. 2.15

Hagemann, Rudolf, **Hinterlegungsordnung** vom 21. April 1913. Taschenformat. 175 Seiten. 1914. (Guttentagsche Sammlung Preußischer Gesetze Bd. 53.) . . . . Geb. RM. 2.—

Aschrott, P. F., **Gesetz über die Fürsorgeerziehung Minderjähriger.** Vom 2. Juli 1900. Nebst Ausführungsanweisungen. Dritte Auflage. Taschenformat. 374 Seiten. 1917. (Guttentagsche Sammlung Preußischer Gesetze Bd. 28.) . . . . Geb. RM. 2.50

Marcks, A., **Gesetz, betr. die Unterhaltung der öffentlichen Volksschulen.** Taschenformat. 194 Seiten. 1906. (Guttentagsche Sammlung Preußischer Gesetze Bd. 39.) . . . . Geb. RM. 1.60

Ledermann, W., und **Brühl,** L., **Die Städteordnung für die sechs östlichen Provinzen Preußens.** Zweite Auflage. Taschenformat. 593 Seiten. 1913. (Guttentagsche Sammlung Preußischer Gesetze Bd. 32.) Geb. RM. 5.40

Wölbling, P., **Bildung der neuen Stadtgemeinde Berlin.** Zweite Auflage. Taschenformat. 114 Seiten. 1920. (Guttentagsche Sammlung Preußischer Gesetze Bd. 59.) . . . . Geb. RM. 1.15

Caro, H., **Gesetz, betr. Austritt aus der Landeskirche,** vom 14. Mai 1873. Taschenformat. 190 Seiten. 1911. (Guttentagsche Sammlung Preußischer Gesetze Bd. 46.) . . . . Geb. RM. 2.15

Meyer, O., **Gesetz, betr. die Anlegung und Veränderung von Straßen und Plätzen in Städten und ländlichen Ortschaften.** Taschenformat. 211 Seiten. 1913. (Guttentagsche Sammlung Preußischer Gesetze Bd. 50.) RM. 2.70

Strauß-Torney, Hugo von und **Saß,** Carl, früher **Friedrichs,** R., **Gesetz, betr. Anlegung und Veränderung von Straßen und Plätzen** in Städten und ländlichen Ortschaften. (Straßen- und Baufluchtengesetz.) Vom 2. Juli 1875. Kommentar. Siebente, neubearb. Auflage. Groß-Oktav. 368 Seiten. 1934. . . . . Geb. RM. 12.—

Der Kommentar zu dem für die Kommunal- und Baupraxis so wichtigen Preußischen Straßen- und Baufluchtengesetz erscheint nach langer Pause in 7. Auflage. Auch für diese Auflage wurden die Entscheidungen des Oberverwaltungsgerichts und Reichsgerichts einschließlich wichtiger nicht veröffentlichter bis in die neueste Zeit berücksichtigt. Auch außerhalb der ergangenen Entscheidungen konnte eine große Zahl von neuen Fällen besprochen werden, die der Verfasser einer umfangreichen Tätigkeit auf dem Gebiete der Anliegerbeiträge (§ 15 des Gesetzes) verdankt. Besonderer Wert wurde auch darauf gelegt, die Mängel und Vorteile der von den Gemeinden auf Grund des § 15 erlassenen Ortsstatute in größerem Umfang zur Darstellung zu bringen als bisher. Die Erläuterungen sind so gehalten, daß sie auch dem Nichtjuristen verständlich sind. Sie und ein ganz besonders eingehendes Sachregister verschaffen auch dem mit dem Stoff wenig Vertrauten eine schnelle Übersicht.

Saß, Enteignung auf dem Gebiete des Städtebaues nach der dritten Notverordnung Kapitel III (zweite Verordnung des Reichspräsidenten zur Sicherung von Wirtschaft und Finanzen) vom 5. Juni 1931. Nachtrag zum Straßen- und Baufluchtengesetz von v. Strauß und Torney und Saß. 6. Aufl. . . . . RM. 0.90

Meyer, O., **Gesetz, betr. Enteignung von Grundeigentum.** Dritte Auflage. Taschenformat. 249 Seiten. 1927 . . . . . . Geb. RM. 4.95

Heine, H., **Die preußischen Baupolizeigesetze** nebst den sonstigen einschlägigen Reichs- und Landesgesetzen. Taschenformat. 404 Seiten. 1928. (Guttentagsche Sammlung Preußischer Gesetze Bd. 64.)

Goldschmidt, O., **Gesetze gegen die Verunstaltung landschaftlich hervorragender Gegenden mit Ausführungsanweisungen.** Taschenformat. 152 Seiten. 1912. (Guttentagsche Sammlung Preußischer Gesetze Bd. 49.) Geb. RM. 2.15

Stier-Somlo, Fritz, **Polizeiverwaltungsgesetz** vom 1. Juni 1931 und **Gesetz zur Aufhebung veralteter Polizei- und Strafgesetze** vom 23. Mai 1931. Mit den **Ausführungsbestimmungen** vom 1. Oktober 1931 und einschlägigen Gesetzen. Taschenformat. 447 Seiten. 1932. (Guttentagsche Sammlung Preußischer Gesetze, Nr. 65.) . . . . Geb. RM. 7.65

„. . . *Diese Ausgabe ist bei weitem die beste und umfassendste von allen Kommentierungen des Gesetzes, und wir können sie dringend empfehlen.*"

Vierteljahrsschrift f. angew. Kriminalistik, Juni 1932.

Wulff, G., und **Herold**, F., **Wassergesetz** vom 7. April 1913. Mit Einleitung, Erläuterungen und Sachregister. Zweite, umgearbeite Auflage von G. Wulff. Taschenformat. XVI, 665 Seiten. 1928. (Guttentagsche Sammlung Preußischer Gesetze Bd. 52.) . . Geb. RM. 10.80

Skopnik, H. von, **Großmann**, L., **Kuhlwein von Rathenow**, H., **Tier- und Pflanzenschutzverordnung** vom 10. März 1933. (Gesetzsammlung S. 71) mit Einführungserlaß vom 15. Mai 1933. Taschenformat. 64 Seiten. 1933. (Guttentagsche Sammlung Preußischer Gesetze Nr. 66, Kommentare und erläuterte Textausgaben.) . . . . RM. 1.40

Holtgreven, A., und **Wolff**, Th., **Das Wildschadengesetz** vom 11. Juli 1891. Kommentar. Vierte, vermehrte und verbesserte Auflage. Oktav. VIII, 216 Seiten. 1902 . . . . RM. 4.—

Born, A., **Das preußische Fischereigesetz** vom 11. Mai 1916 in der geltenden Fassung. Taschenformat. 428 Seiten. 1928. (Guttentagsche Sammlung Preußischer Gesetze Nr. 62.) . . . . Geb. RM. 6.75

Born, A., **Die preußischen Jagdgesetze** in ihrer geltenden Fassung. Mit Erläuterungen versehen. Taschenformat. 433 Seiten. 1928. (Guttentagsche Sammlung Preußischer Gesetze Nr. 63.) . . . Geb. RM. 7.20

Holzapfel, W., **Umlegungsordnung**. Taschenformat. 144 Seiten. 1921. (Guttentagsche Sammlung Preußischer Gesetze Bd. 60.) . . RM. 1.60

Holzapfel, W., **Gesetz über Landeskulturbehörden**. Taschenformat. 176 Seiten. 1919. (Guttentagsche Sammlung Preußischer Gesetze Bd. 57.) Geb. RM. 1.80

3. Steuerrecht

Nieberl, A., **Die Reichsabgabenordnung**. Dritte, neubearbeitete Auflage. Taschenformat. 642 Seiten. 1932. (Guttentagsche Sammlung Deutscher Reichsgesetze Bd. 143.) . . . . Geb. RM. 12.—

Hollaender, Adolf, **Einkommensteuergesetz und Körperschaftsteuergesetz** nebst den zugehörigen Aus- und Durchführungsbestimmungen, Verordnungen und Erlassen. Taschenformat. XXXIX, 697 Seiten. 1926. Mit Nachtrag. 1928. (Guttentagsche Sammlung Deutscher Reichsgesetze Bd. 151.) . . . . Geb. RM. 21.60

Schachian, Herbert, **Erbschaftsteuergesetz**, Fassung vom 5. Juni 1931, mit Anmerkungen. Fünfte Auflage. Oktav. 77 Seiten. 1931. RM. 2.50

Lindemann, Otto, **Umsatzsteuergesetz** (neueste Fassung) mit Ausführungsbestimmungen. Vierte, vermehrte und verbesserte Auflage. Taschenformat. 518 Seiten. 1926. (Guttentagsche Sammlung Deutscher Reichsgesetze Bd. 132.) . . . . Geb. RM. 9.—

Lindemann, Otto, **Grunderwerbsteuergesetz** (neueste Fassung) mit den Ausführungsbestimmungen. Zweite, völlig umgearbeitete Auflage. Taschenformat. 186 Seiten. 1926. Mit Nachtrag 1927. (Guttentagsche Sammlung Deutscher Reichsgesetze Bd. 139.) . . . . Geb. RM. 3.60

Hagelberg, E., und **Krämer**, L., **Grunderwerbsteuergesetz** vom 12. September 1919 (RGBl. S. 1617) in der Fassung des Gesetzes vom 11. März 1927 (RGBl. I S. 72) nebst Einleitung, Sachregister und Ausführungsbestimmungen und der einschlägigen Vorschriften des Finanzausgleichs-Steuermilderungsgesetzes und Steuerstrafrechts. Für die Praxis erläutert. Zweite, völlig umgearbeitete und erweiterte Auflage. Groß-Oktav. 355 Seiten. 1928 . . . . Geb. RM. 15.—

Hagelberg, E., und **Krämer**, L., **Wertzuwachssteuerrecht.** Kommentar. Groß-Oktav. 256 Seiten. 1929 . . . . . RM. 12.—, geb. RM. 13.50

Mattern, Gerhard, **Beitreibungsordnung.** Mit Verordnung über die Kosten des Mahn- und Zwangsverfahrens nach der Abgabenordnung. Oktav. 435 Seiten. 1933. (Guttentagsche Sammlung Deutscher Reichsgesetze, Nr. 186.) . . . . Geb. RM. 7.80

Hoepker, Heinrich, **Die Industriebelastungsgesetze** vom 30. August 1924 nebst den Durchführungsbestimmungen zum Gesetz über die Industriebelastung. Taschenformat. XV, 200 Seiten. 1925. Mit Nachträgen. (Guttentagsche Sammlung Deutscher Reichsgesetze Bd. 159.) Geb. RM. 3.60

von Lympius, W., **von Elbe**, K., **Das Kommunalabgabengesetz und das Kreis- und Provinzialabgabengesetz.** Dargestellt in der Rechtsprechung des Oberverwaltungsgerichts. Groß-Oktav. X, 440 Seiten. 1930.

Loeck, P., und **Eiffler**, K., **Preußisches Stempelsteuergesetz** mit den gesamten Ausführungsbestimmungen. Unter besonderer Berücksichtigung der Entscheidungen der Verwaltungsbehörden und der Gerichte. Elfte, neubearbeitete Auflage. Taschenformat. 564 Seiten. 1934. (Guttentagsche Sammlung Preußischer Gesetze Bd. 18.) Geb. RM. 13.—

Die früher von Geh. Regierungsrat P. Loeck, in den letzten Auflagen von Dr. K. Eiffler, Ministerialrat im Preußischen Finanzministerium, bearbeitete Ausgabe des „Preußischen Stempelsteuergesetzes" erscheint jetzt neu, nachdem sie längere Zeit vergriffen war und von der Praxis als die besteingeführte dringend erwartet wird. Sie ist völlig neu bearbeitet und berücksichtigt alle in das Gebiet der Stempelsteuer fallenden Gerichts- und Verwaltungsentscheidungen bis in die neueste Zeit. Ein ausführliches Sachregister erleichtert die Benutzung.

Eiffler, Kurt, **Staatliche Verwaltungsgebühren.** Gesetz über staatliche Verwaltungsgebühren vom 29. September 1923 nebst Gebührenordnungen und Ausführungsbestimmungen. Taschenformat. 192 Seiten. Mit Nachtrag. 1925. (Guttentagsche Sammlung Preußischer Gesetze Bd. 61.) Geb. RM. 5.40

Lebbin, Georg, **Nahrungsmittelgesetze** mit Erläuterungen. Zweite, stark vermehrte Auflage in zwei Bänden.
Zweiter Band: **Getränkegesetze und Getränkesteuergesetze** (Wein, Bier, Branntwein, Mineralwasser). Unter Mitarbeit von Rechtsanwalt Dr. Kniebe. Taschenformat. XII, 400 Seiten. 1926. (Guttentagsche Sammlung Deutscher Reichsgesetze Bd. 54b.) . . . . . . Geb. RM. 9.—

Wündisch, Friedrich, **Das Tabaksteuergesetz** vom 12. September 1919 nebst den Ausführungsbestimmungen vom 26. Februar 1920. Taschenformat. 286 Seiten. 1920. Mit Nachtrag 1925. (Guttentagsche Sammlung Deutscher Reichsgesetze Bd. 146.) . . . . Geb. RM. 3.60

VII. Entscheidungs-Sammlungen und Zeitschriften.

Entscheidungen des Reichsarbeitsgerichts. Herausgegeben von den Mitgliedern des Reichsarbeitsgerichts.
Band I—XII . . . . Je RM. 6.50, geb. RM. 8.—
Erscheint in einer Heft- und einer Bandausgabe. Bis Mai 1934 sind 13 Bände erschienen. Jährlich 2—3 Bände. Oktav.
Heftausgabe: je Band RM. 6.90. Einbanddecke: je Band RM. 1.—.
Bandausgabe: je Band geh. RM. 6.50, geb. RM. 8.—.

Entscheidungen des Reichsgerichts. Herausgegeben von den Mitgliedern des Gerichtshofes u. d. Reichsanwaltschaft. Oktav. (2 Sammlungen.)
1. **Entscheidungen in Zivilsachen.** (Werden in Heften im Umfange von etwa 5 bis 6 Bogen sowie in vollständigen Bänden, geheftet und gebunden, ausgegeben. Jährlich 4 Bände.) 1.—142. Band.
Je RM. 6.50, geb. RM. 8.—
Generalregister zum 111.—120. Bande der von den Mitgliedern des Gerichtshofes und der Reichsanwaltschaft herausgegebenen **Entscheidungen des Reichsgerichts in Zivilsachen.** Bearbeitet von **Hans Triebel.** Oktav. XXIII, 509 Seiten. 1929. . RM. 15.—, in Halbleder RM. 18.—
— Zum 121.—130. Bande. Oktav. XXIV, 755 Seiten. 1931.
Geb. RM. 22.—
— Zum 131.—140. Bande. Oktav. 504 Seiten. 1933. Geb. RM. 16.—
2. **Entscheidungen in Strafsachen.** (Werden in Heften im Umfange von 5 bis 6 Bogen sowie in vollständigen Bänden, geheftet und gebunden, ausgegeben. Jährlich 1 Band.) 1.—67. Band. Je RM. 6.50, geb. RM. 8.—
Generalregister zum sechsundfünfzigsten bis fünfundsechzigsten Bande der von den Mitgliedern des Reichsgerichts und der Reichsanwaltschaft herausgegebenen **Entscheidungen des Reichsgerichts in Strafsachen.** Bearbeitet von Hans Gündel. Oktav. 458 Seiten. 1932.
In Halbleder geb. RM. 16.—

Arbeitsrechtliche Spruchsammlung. Beilage zum Deutschen Handwerksblatt. Herausgegeben von Amtsgerichtsrat Dr. Theodor Rohlfing, hauptamtlicher Vorsitzender beim Arbeitsgericht Berlin.
Pro Quartal RM. 0.90
Die Sammlung berichtet fortlaufend über die obergerichtliche Rechtsprechung auf dem Gebiete des Arbeitsrechts. Sie bildet eine wertvolle Ergänzung der amtlichen Sammlung.

Schiedsgericht für Oberschlesien. Trybunal Rozjemczy dla Górnego Slaska. Amtliche Sammlung von Entscheidungen des Schiedsgerichts für Oberschlesien, veröffentlicht gemäß der Bestimmung des Art. 592 des Genfer Abkommens vom 15. Mai 1922. Zbiór urzedowy orzeczeń Trybunalu Rozjemczego dla Górnego Śląska ogloszony wedle postanowienia art. 592 Konwencji Genewskiej z dnia 15 maja 1922r. Oktav. Band I und II. 1930. 1931 . . . . . . Pro Band RM. 12.—
Band III. Nr. 1 pro komplett. 1932 . . . . RM. 12.—

Zeitschrift für die gesamte Strafrechtswissenschaft. Gegründet von **Fr. von Liszt** und **A. Dochow.** Unter ständiger Mitarbeiterschaft hervorragender Fachmänner herausgegeben von Prof. Dr. **Ed. Kohlrausch,** Prof. Dr. **M. Grünhut** und Prof. Dr. **W. Gleispach.** Schriftleiter: Dr. **W. Gallas.** Der Jahrgang besteht aus 6 Heften. Quart.
Bd. 1—43. 1881—1922. Je RM. 15.—. Bd. 44. 1922. RM. 25.—. Bd. 45. 1924. RM. 21.—. Bd. 46—49. 1925—1929. Je RM. 30.—. Bd. 50. 1929/30. Bd. 51. 1931. Je RM. 36.—. Bd. 52. 1932. Bd. 53. 1933. Je RM. 32.—.

Juristische Rundschau. Herausgegeben von Otto **Lindemann,** Ministerialdirektor, Geh. Oberjustizrat, Berlin, Dr. Friedrich **Flad,** Senatspräsident beim Reichsgericht, Leipzig, **Fritz Hartung,** Reichsgerichtsrat, Leipzig und
Höchstrichterliche Rechtsprechung. Herausgegeben von Eugen **Friedrichs,** Senatspräsident, Breslau. **Hans Gündel,** Senatspräsident am Reichsgericht. — Erscheint am 1. und 15. jeden Monats.
Jahrgang 1934. Vierteljährlich RM. 7.50, Einzelheft RM. 1.50
Beilage „Höchstrichterliche Rechtsprechung" einzeln vierteljährlich 5.—

Zeitschrift für ausländisches öffentliches Recht und Völkerrecht. Im Auftrage des Instituts für ausländisches öffentliches Recht und Völkerrecht herausgegeben von Dr. Viktor **Bruns,** Professor an der Universität Berlin, Leiter des Instituts. Lexikon-Oktav.

Band I, Teil 1: Abhandlungen. XXVIII, 657 Seiten. 1929. RM. 43.—
Band I, Teil 2: Urkunden. XVI, 858 Seiten. 1929 . . . RM. 54.—
Band II, Teil 1/2: Abhandlungen. VIII, 304 Seiten. Urkunden. 368 Seiten. 1930. . . . . RM. 45.—
Band II, Nr. 3/4: Abhandlungen. XXXIII Seiten. Urkunden. XVIII Seiten u. S. 369—821. 1932 . . . . RM. 60.—
Band III, Nr. 1: Abhandlungen. VI, 162 Seiten. Urkunden. 252 Seiten. 1932 . . . . RM. 30.—
Band III, Nr. 2: Abhandlungen. VII Seiten u. S. 163—296. Urkunden. S. 253—476. 1932 . . . . RM. 25.—
Band III, Nr. 3: Abhandlungen. S. 297—444. Urkunden. S. 477 bis 541. 1932 . . . . RM. 12.—
Band III, Nr. 4: Abhandlungen. S. XX, 445—644. Urkunden. S. XVIII, 543—677. 1933 . . . . RM. 28.—

Zeitschrift für ausländisches und internationales Privatrecht. Herausgegeben in Gemeinschaft mit Ernst **Heymann,** Heinrich **Titze,** Martin **Wolff,** ordentliche Professoren an der Universität Berlin, wissenschaftliche Berater des Instituts, Max **Pagenstecher,** o. Professor an der Universität Hamburg, Franz **Schlegelberger,** Ministerialdirektor im Reichsjustizministerium, Honorarprofessor an der Universität Berlin, von Ernst **Rabel,** o. Professor an der Universität Berlin, Direktor des Instituts. Jährlich 6 Hefte im Umfang von etwa 65 Bogen.
Preis des siebenten Jahrganges RM. 54.—
Sonderhefte: **Die deutsche Rechtsprechung auf dem Gebiete des internationalen Privatrechts in den Jahren 1926 und 1927.** 1928. RM. 8.— do. **im Jahre 1928.** 1929. RM. 11.—, do. **im Jahre 1929.** 1930. RM. 12.50, do. **im Jahre 1930.** 1931. RM. 14.—, do. **im Jahre 1931.** 1932. RM. 13.—.
Sonderheft 1932.

Deutsche Landesreferate zum Internationalen Kongreß für Rechtsvergleichung im Haag 1932. Herausgegeben von Prof. Dr. Ernst Heymann, Berlin. 1932 . . . . RM. 14.—

Zeitschrift für Bergrecht. Bis zu seinem Tode herausgegeben von dem Wirkl. Geh. Rat, Berghauptmann a. D. Dr. jur. H. Brassert. Redigiert und herausgegeben von den rechtskundigen Ministerialräten der Bergabteilung des Preußischen Ministeriums für Handel und Gewerbe. Jährlich ein Band von mehreren Heften. Die Hefte erscheinen in zwangloser Folge. Jahrgang 72. 1931/32 . . . . RM. 21.—

Zeitschrift für Bergrecht. Register zu Jahrgang 37—40 . . . RM. 14.—

Zeitschrift für das gesamte Luftrecht (ZLR.). Herausgegeben von weiland Dr. jur. Otto **Schreiber.** Erscheint in Bänden zu je vier Heften.
Band I. 1926/28 . . . . RM. 50.—, geb. RM. 55.—
Band II, Heft 1 . . . . RM. 10.—

Bank-Archiv, Zeitschrift für Bank- und Börsenwesen. Begründet von **Rießer.** Unter Mitwirkung von hervorragenden Fachmännern herausgegeben von Dr. jur. et phil. Otto Chr. **Fischer,** Berlin. Schriftleitung: Landrat a. D. Dr. jur. Carl **Tewaag,** Geschäftsführer des Centralverbandes des Deutschen Bank- und Bankiergewerbes. Quart. Jährlich 24 Nummern. XXXIII. Jahrgang. 1933/34.
Pro Halbjahr RM. 12.—

Veröffentlichungen des Reichs-Aufsichtsamts für Privatversicherung. Groß-Oktav. 30. Jahrgang. Heft 1—4 . . . . RM. 25.50
31. Jahrgang. 1932. Nr. 1—4 . . . . RM. 25.25
32. Jahrgang. 1933. 1. Heft. 1933 . . . . RM. 2.75
2. Heft. 1933 . . . . RM. 4.50
3. Heft. 1933 . . . . RM. 12.—
Jahrgang 1—29. Preise auf Anfrage.

FSC
www.fsc.org
MIX
Papier | Fördert
gute Waldnutzung
FSC® C083411

Kolibri 360 GmbH
Ferdinand-Jühlke-Straße 7
99095 Erfurt, Deutschland
produktsicherheit@kolibri360.de